トする
自衛隊・
自衛隊の
手法を取り入れる
教育行政

集団的自衛権行使で教え子を再び戦場に送るのか!

「高校生をリクルートする自衛隊・自衛隊の手法を取り入れる教育行政」編集委員会／編

同時代社

はじめに

永井栄俊

日本が敗戦まもない一九五一年、日教組は第一八回中央委員会で不朽のスローガンといわれる「教え子を再び戦場に送るな」を採択しました。それ以降、日教組をはじめとした教職員の運動は、このスローガンに基づいた平和のための教育であり運動であったといえます。ところが、戦後七〇年を経過しようとする今日、教育現場では平和についての意識が希薄となり、むしろ戦争に向かう教育がためらいもなく現場に入り込んできています。今や、平和教育の授業や文化祭での平和の展示が規制されたりしています。そして自衛隊への職場体験など、むしろ教育現場から自衛隊に児童・生徒を送り込んでいるのです。平和に対する意識とその教育が劣化してきているのです。

今日の状況を見ますと3・11の東日本大震災が教育現場を大きく変える誘因となっています。為政者は、防災訓練の必要性を強調し、教育課題の中心におこうとしています。もちろん自然災害に備える教育は必要ですが、しかし実態は「被災地で活躍する自衛隊」を美化して、児童・生徒に刷り込ませる教育が進められているのです。東京の都立高校では、防災訓練の名目で自衛隊駐屯地での隊内生活訓練が行われました。さらにその他の都立学校でも、防災訓練の中で自衛隊と教育現場との連携が進んでいます。自衛隊員を学校に招きたびたび講演会が開かれています。その見返りに、学校では自衛隊員募集のポスターが校内に貼られたりしています。平和に対して最も敏感であった教育現場は、今や、戦前のように「軍人さんは偉いのだ」という意識を児童・生徒に刷り込む場となっているのです。

このような自衛隊と教育との連携は決して東京だけの話ではありません。二〇一四年七月一日、安倍内閣は「集団的自衛権」行使についての閣議決定を行いました。ところがその翌日の二日に、全国の高校三年生（一部で中学三年生）に自衛官募集のパンフレットがダイレクトメールで届けられました。このことは、「集団的自衛権」の実体化が教育現場に向けられていることを示しています。安倍内閣は、「集団的自衛権」行使の国家体制を作ろうとしています。そのためには教育現場の児童・生徒に向けた若年段階から愛国意識を持った国民を育てることが必要となります。そして、そのための国防教育ともいえる教育が現場で進行しているのです。特に、全国で幅広く行われている小・中学生の自衛隊への職場体験は、むしろ教育現場から積極的に要望が出され実施されてきています。ある自衛隊駐屯地の職場体験では、中学生に護身用だという建前でゴム製のナイフで人の殺し方まで教えているのです。こんなことが保護者の知らないうちに進行しているのです。これは「教育」というべきではありません。また「職場体験」でも、「防災訓練」ともいえるものではありません。疑似「戦争体験」というべきものです。また、全国各地の自衛隊地方協力本部のＨＰでは、子どもたちが戦車に乗った写真などで溢れています。さまざまな子どもたちのイベントに、テレビドラマや人気アニメに自衛隊が関わろうとしています。私たちはこうした状況に警鐘を鳴らすものです。そして、安倍内閣が「集団的自衛権」行使の国家体制を目指す中、現在進行している「教育の中に忍び寄る自衛隊」の状況を広く全国的に知らせようとするものです。

目次

I

高校生に届く自衛隊からの手紙
――自衛隊は「平和を、仕事にする」職業か？

永井栄俊

突然、高校三年生に自衛官募集のパンフが

二〇一四年七月一日は集団的自衛権行使容認が閣議決定された日です。その翌日に全国の高校三年生の自宅に、封書で自衛官募集のパンフレットが送られました（中学三年生に送付の地区も）。そのパンフの種類は地方によって多少異なりますが、戦車や戦艦の写真であふれています。そして表紙をめくれば、「君の決意が　国の力に！」の大きな文字が目に飛び込んできます。刺激的で、そして誘惑的なデザインの紙面です。どの頁も戦場や武器と自衛隊員の姿が輝かしく写し出されています。ところが、その戦場の写真の横に「平和のために」と書かれています。「戦争」と「平和」が共存する矛盾したパンフレットがこれなのです。

自衛官募集のダイレクトメールは、高校生の就職内定率が低下してきたここ一〇年くらいも前から、毎年この時期に行っていることだといいます。しかし、二〇一四年は特別の条件があったようです。集団的自衛

高校生に送られてきた自衛官募集のパンフレット

権行使の閣議決定と時期が重なっており、受け取った高校生は緊張感と怖さを感じたようです。

二〇一四年七月三日付の「東京新聞」は、その辺の事情を全国の高校三年生の声を集めて伝えています。「封書を見た時、『集団的自衛権とかよく分らんけど、憲法が変わったら自衛隊に入らないかんのかと不安に思った』と話した」（大阪の高校三年生）、「『集団的自衛権が可決されて、自衛隊で人が減るから手紙が来たんだ』と動揺した。自宅に送られてくるのも気味悪かった。『戦争を狙うビジョンがあるような気がして、今の政権のうちは怖い』と話す」（東京の高校三年生）。

閣議決定の時期と重なったのはたまたま一致したということですが、このダイレクトメールに関わる動きは集団的自衛権の実体化につながっていると見てよいのではないでしょうか。自衛隊勧誘のダイレクトメールが高校生に向けられているということは重大だと思います。

全国の七一％の自治体が住民基本台帳を提供に協力

それにしても、自衛隊が全国の高校三年生等の住所をどのように知り得たのかが疑問です。防衛省に問い合わせますと住民基本台帳から写し取ったのだといっています。住民基本台帳の閲覧は二〇〇六年の法改正によって、公益性や福祉目的を条件に制限されています。したがって、高校生への自衛官募集がこの条件に該当するか否かは疑問です。

この点に関して、二〇一四年一〇月六日付の「東京新聞」一面は、自衛官募集の個人情報について、「全国の一七四二市町村・特別区のうち、約七一％にあたる一二二九市町村・特別区が積極的に情報提供していたことがわかった」と伝えています。自治体が積極的に基本台帳を提供するならば、全国の高校生や中学生に送付するのは容易です。しかし、一般企業の社員募集活動で自治体の協力を得て募集活動を行うことはありえないことです。明らかに不公平な募集活動であるといえます。特に、まだ在学中の高校生に自衛官募集のパンフがダイレクトメールされるのは、教育の立場からするならば許されないことです。

自衛隊と教育との連携が進んでいる

近年、自衛隊の教育分野への過度のアプローチが顕著となっています。しかしこれは、自衛隊の側からの一方的なラブコールだけではありません。教育行政の意向を反映して、教育現場の中にも積極的に自衛隊へ児童・生徒を送り込み、軍事的な状況を学ばせようとする傾向が進行しています。本書でも詳しく紹介しますが、二〇一三年の東京都立田無工業高校生の朝霞駐屯地での防災訓練は、自衛隊の基礎訓練の要素を含んでいました。それは戦前・戦中の軍事教練が行われた時代を彷彿させるものがあります。

新聞　2014年（平成26年）10月6日（月曜日）　©中日新聞東京本社2014　（日刊）

東京新聞

自衛官募集に個人情報

自治体71％積極提供

住基台帳 適齢者抽出も

全国市町村・特別区

防衛省が自衛官募集のダイレクトメール（DM）を郵送するため、住民基本台帳に記載されている適齢者の名前、生年月日、性別、住所の四情報の提供を求めたのに対し、全国の千七百四十二市町村・特別区（三月末現在）のうち、約71％に当たる千二百二十九市町村・特別区が積極的に情報提供していたことが分かった。（編集委員・半田滋）

安倍内閣が七月に集団的自衛権の行使容認を閣議決定した直後、高校三年生の自宅に自衛官募集のDMが一斉に届き、インターネット上で騒ぎになった。国による個人情報収集の是非が問われそうだ。

防衛省から資料を入手した阿部知子衆院議員への取材で明らかになった。二〇一〇年三月末当時は、全国千七百三十七市町村（特別区を除く）のうち、情報提供したのは七百四十四市町村にとどまり、約43％だった。四年間に30㌽近くも増えたことになる。

情報提供の内訳は①紙媒体での提供（五百六十五カ所）②適齢者を抽出した住基台帳の写しを閲覧（防衛省職員が書写、六百六十四カ所）－の二通りがある。

情報提供している市町村などは、自衛隊法などが定めた自衛官募集事務への協力の一環としている。しかし、住基台帳法は「閲覧」を認めているにすぎず、①の紙媒体の提供や②の抽出した写しの閲覧は規定しておらず、防衛省への過剰な

自衛官募集をめぐる市町村などの防衛省への対応

対応	市町村・特別区数
適齢者を抽出・閲覧	664
紙媒体で適齢者情報を提供	565
住基台帳全部を閲覧	501
いずれもなし	12

2014年10月6日付の「東京新聞」

また、二〇一四年の東京大学五月祭で自衛隊のブースがだされました。公然とした自衛官の募集が東京大学校内で行われているのです。五月祭に自衛隊のブースが出されるということは、大学当局や学生自治会に許可を得なければなりません。つまり、それを教授会や学生自治会が許可をしたという事実が重要だと思います。政治や特定の価値観から自由であるべき大学は、「学問の府」といわれ、政治や暴力からは中立であり、「聖域」とまでいわれてきたのがこれまでの基本的な考え方です。その大学が、特に東京大学が、暴力的で政治的な価値観を体現する自衛隊をその校内に受け容れたのは、「学問の府」の放棄といえます。それは同時に政治的な圧力が大学や教育の場に強まっているという側面の反映でもあります。このように、自衛隊と教育（大学）との連携は全国でその裾野がドンドン広がってきているのです。

自衛隊では職場体験のプログラムを準備

東京大学五月祭に出された自衛隊ブース

自衛隊駐屯地（陸軍）は全国に一五六ヶ所もあります。その駐屯地で小・中学生の「職場体験」が頻繁に行われています。名目は「総合的学習」の一環としての「職場体験」授業です。このために、防衛省は、総合学習の案内を出しています。これは「『総合的な学習の時間』（文部科学省所管）への協力の内容」という文書です（巻末資料①参照）。そこでは、「平成一四年度から実施されている新学習指導要領において新設された『総合的な学習の時間』に対して防衛省としても協力しており、次のような内容を準備しております」と示しています。ここで注視されるのは、「（文部科学省所管）への協力」という文面です。これは文部科学省から防衛省に何らかの協力要請があったことを示しています。また、防衛省のＨＰでは「詳しくは、各自衛隊地方協力本部にお問合せください」の欄があり、その対象が学校だけではなく一般社会人にも向けられていることがわかります。

次に自衛隊で実施するプログラムの内容が示されています。「部隊見学、隊内生活体験」「防衛問題・自衛隊に関する説明」「手旗、結索（ロープワーキング）」「隊内見学及び装備品などの見学」「訓練の見学、艦艇見学（体験航海を含む）」「自衛隊車両等の体験搭乗」「防衛省・自衛隊に関するビデオの上映、隊員との懇談」などです。

このプログラムでは、自衛隊が華やかで近代兵器を駆使した最先端の職業として紹介されています。特に、「平和のための（自衛隊）」「国を守る（自衛隊）」が強調されています。ＤＶＤやビデオなどはまさに隊員募集に使われる宣伝用のものだといえます。小学校・中学生の段階から自衛隊に明るいイメージを植え付け、将来の自衛隊員候補にしていこうというものです（特に中学生の職場体験が多い）。

しかし、このプログラムでは、自衛隊員は戦場に派遣された場合に命を落とす可能性のあること、また、他者の命を奪う可能性のあることは伝えられていません。社会人や一定の年齢になれば理解も可能ですが、小学生や中学生の段階では正しく理解することは困難であると思います。特に、命の持つ重さや社会的意味を理解させることなく、美化された自衛隊像のみを注入するこのプログラムは、小中学生には相応しくないといえます。

特に指摘しておきたいのは、「職場体験」が職業についての意識を学習することが目的であるとするならば、この自衛隊のプログラムは自衛隊の広報・宣伝でしかないことです。

全国で実施されている自衛隊への「職場体験」

この「職場体験」は二〇〇〇年より全国の小中学校で実施されてきています。この年だけで実施したのは全国で四五〇校にものぼっていることを「朝日新聞」が伝えています（資料②参照、「朝日新聞」二〇〇一年一一月一七日付）。現在では累計で数千件を超えていると推定されます。その実態は、自衛隊の各地方本部などのHPで公開していますが、戦車や戦闘機に乗り、銃を持つなどの体験だけではないようです。自衛隊を応援し取材しているあるHPでは、「職場体験」のレポートとして、自衛隊員と中学生が格闘の練習をし、ナイフで人を刺す方法までも体験させる画像が掲載されています（ナイフはゴム製だとしていますが）。中学生の職場体験とすればあまりにもいきすぎている画像です。

また、自衛隊茨城地方協力本部では、教育関連の職場体験プログラムをHPで公表しています。その中の霞ヶ浦駐屯地では、「施設見学」「航空機見学」「戦車見学」を行うことになっていますが、同時に「基本教練」も実施しています。この「基本教練」は、自衛隊の新入隊員等が行うもので、「右むけ右」「ヤスメ」「行進」などの基礎訓練で、命令に従うことを徹底的に身体に染みつける訓練なのです。つまり、「個」ではなく、「組織」が強調される訓練なのです。さらに「体験喫食」がプログラムの中に入っています。「食」や「寝」も基礎訓練の一つです。都立田無工業の高校の宿泊訓練の場合、隊員との「喫食」だけでなく「ベッドメイキング」の体験も行っています。

自衛隊「職場体験」の様子（茨城地方協力本部HPより）

職場体験の実際

二〇一四年六月に自衛隊駐屯地に中学生七人を引率した東京の

中学校の先生によれば、駐屯地の室内でＮＢＣ（核・生物・化学）兵器対応防毒マスクの装着や行軍の訓練を実施したとのことでした。そして東条英機の写真のある資料館を見学し、最後に、自衛隊のパンフレットを渡されたとのことでした。それにしても、戦争の中で防毒マスクをつけなければならない状況というのはどのような状況なのでしょうか。ＮＢＣ（核・生物・化学）兵器が兵隊や民間人をも巻き込む大量殺人兵器であることが教えられたのでしょうか。ゲーム感覚のおもしろさだけで中学生に自衛隊が提示されたのであるとするならば、とんでもない誤りを教えることになるのではないでしょうか。また、東条英機は、戦犯として処刑された人物です。どのように、中学生たちに示されたのでしょうか。

二〇一三年六月では、中学生が陸上自衛隊三宿駐屯地へ四名、多摩地区の中学校の生徒四名が練馬駐屯地へ、同じく文京区の中学校の生徒五名が練馬駐屯地へ職場体験を行ないました。また一二月には都立町田総合高校生四〇人も職場体験しています。

文京区の中学の場合、生徒のみの参加で、教員の同行はありません。つまり自衛隊に生徒を丸投げしているのです。また、学校から駐屯地に出された「申込書」では、その目的を「正しい職業観を資とする」となっています。自衛隊を他の職業と同一視して職場体験を実施するとするならば、それはやはり誤りであるといえます。戦場で、生命のやり取りをする職業は、決して通常の職場ではありません。そのことを中学生に正しく教えれば、自衛隊への職場体験はありえないのではないでしょうか。すぐに取り止めるべきです。

自衛隊「職場体験」に対する抗議行動とその影響

中学生の自衛隊への「職場体験」に対して抗議の活動は全国各地で行われています。二〇〇八年には、富山市内の中学校が砺波市の陸上自衛隊駐屯地で職場体験を実施したことに対して、県内で市民運動がおこり、教育委員会に対して抗議活動を行っています。

二〇一四年七月一五日、広島県尾道市で寺本真一、魚谷さとる、岡野長寿の三人の市議が教育長に対して「市内の中学二年生の職場体験に自衛隊が予定されていることに対して、慎重な対応をするように求める」、「社会問題等に批判力の乏しい中学生に、違憲・合憲両論が対立している自衛隊の活動に関われせることは、何らかの政治的意図をもってなされると考えざるを得ない」という自衛隊の「職場体験」中止の申し入れをしました。

同じく、二〇一四年一〇月には、長野県で県の憲法擁護連合や教職員組合が県教育委員会に対して中学生の「職場体験」に対して抗議活動を行っています。

そして、ここで特に取りあげたいのは、二〇一三年一一月二六日に、新潟県上越市の労組などの三団体が直江津市の中学校を訪れ校長に抗議文（17頁参照）を手渡した件についてです。同校では同年一一月初旬に三年生の一〇人が陸上自衛隊高田駐屯地で「職場体験」を行っていました。

そしてこの抗議行動を上越市のタウン紙が報道したのですが、これを報じたタウン紙のＨＰには空前のアクセスがありました。一時期いわゆる「炎上」の状態になったのです。これは最近台頭する「ネット右翼」によるものだと思われますが、その投稿量はすごいものがあります。しかし、その書き込み内容を見てみますと、同じ文面が繰り返されたりしており、同じ人物が何度も何度も同じ文面を送信している様子をうかがい知ることができます。その書き込みの主要なものを紹介します。
＊「相変わらず、左巻きの人達は頭が悪い。はっきり言って、頭が悪い。まあ、馬鹿なのだろう（笑）。
自衛隊が軍であるかどうかはさておき（僕自身は正式に国軍化したほうが曖昧でなくなると思う）、そもそも、職業体験なのである。自衛官だろうが、サラリーマンだろうか、闇金であろうが、売春婦であろう

が、それで金を得て生活しているという現実がある」

＊「自衛隊に文句を言う連中は反日思想と思って間違いない」「そんなことを言うのは在日か帰化人だろう」

＊「自衛隊は立派な職業の一つです。生徒自ら望んで体験学習に行ったのに、それを否定するのは職業選択の自由に反するものでは」

＊「中学生なんてどんな大人の制服着たって違和感でしょ〜？　そんなことを言っていたら職場体験という活動自体成立しませんぞ」

＊「○○党の頓珍漢な言いがかり。憲法二二条第一項職業選択の自由に反する。護憲が看板のくせに憲法違反しでどうする」

等々が、書き込まれた主要なものだといってよいでしょう。これらの書き込みを見てみますと、第一に自衛隊に異議を唱える人物を「反日思想だ」とか「在日だ」「帰化人だ」などと排外的な言辞で中傷していることです。それは逆に、日本主義意識または愛国主義に結びついているということができます。そうであるとするならば、精神的に未成熟な中学生に自衛隊に関す意識を注入することは許されることではないでしょう。

第二に、自衛隊への「職場体験」が職業選択の自由にあたるかどうかです。「職場体験」のキャリア教育は、低学年の段階から職業についての意識を芽生えさせることを目的としています。しかし、自衛隊が、命を賭す職業であることが全く伝えられることなく、美化された職業としてだけ注入されるならば、これは「職業選択の自由」の範疇には入らないのではないでしょうか。

2013年11月26日

新潟県立直江津中等教育学校
校長　武藤正美 様

上越地区平和環境労働組合会議
議長　牧田正樹
他　二団体

中学生による「自衛隊職場体験学習」に対する抗議文

去る11月6日から8日までの間、貴学校の3年生10人が陸上自衛隊高田駐屯地で「職場体験学習」を行ったとの報道がありました。

体験学習とは言え、生徒（15歳未満）が自衛隊で職場体験をすることは、日本が批准している「ジュネーブ条約」や「子どもの権利条約」の理念をふみにじるものであり容認できるものではありません。

ついては、今回このような取り組みが行われたことに強く抗議するとともに、下記のとおり要請します。

記

1、なぜ生徒が自衛隊での「職場体験学習」を行うこととなったのか、経過とジュネーブ条約等の観点から見解を明らかにすること。
2、今後、自衛隊において「職場体験学習」等を行わないこと。

以　上

このように、上越市の労組の抗議に対するネット右翼の攻撃は、感情的な屁理屈でしかないことが分かります。自衛隊が人を殺し、また殺されることにつながる職業であることを考慮するならば、中学生に決して相応しい教育課程であるとはいえないことは明らかです。教育が戦争や自衛隊が何であるかを正しく教えることなしに、美化された自衛隊観を抱き、自ら望んで戦場に行く人格を育てるならば、戦前の軍国主義教員と何ら変わるものではないといえます。

2

「防災訓練」の名のもとに、教育現場に入りこむ自衛隊

永井栄俊

宿泊を伴う防災訓練は韓国の「徴兵制」がモデル

石原都知事時代の二〇一二年、知事の意向で東京都教育委員会の中に「教育再生・東京円卓会議」という機関が設置されました。その趣旨は、「知事と各界を代表する方々が、今後の教育の在り方について多角的かつ自由に議論することを目的に設置されたもの」（第四回都議会定例会における知事本局長答弁、二〇一二年一一月二〇日）でした。この円卓会議の第三回会議（二〇一二年四月一一日）で宿泊を伴う防災訓練が提案されています。参加者は、石原慎太郎（当時都知事）、猪瀬直樹（当時副知事）、乙武洋匡（現都教育委員）、高橋史朗（明星大学教授）、中原徹（現大阪府教育長・当時府立高等学校長）です。

この時期は石原都政の末期になりますが、ここで石原知事は、「振り返ってみて、結局できなかったことは、破壊的な教育改革だ」と述べています。そして戸塚ヨットスクールの会長が「教育は体罰だ」といって

いることに対して「確かに少年期・幼年期の教育というのは、しつけという名前で呼ばれているでしょう」と述べ、これを肯定的にとらえています。そして、教育は「教育の基本法で勧められて（「定められて」か＝筆者）いるんだけれど、これは刷り込み（で）しかないんですよ」と述べているのです。この「教育は刷り込みだ」の基本的な考え方から防災訓練の考え方が提案されているといえます。

「その刷り込みの量がちょっと日本は足らない」とまで述べています。そして、韓国の例を出し「韓国じゃないけれども、二年間はやっぱり兵役、消防、警察、最低限、海外協力隊みたいな所に組織的な奉仕運動の体験をさせたらいいと思うんですね」と結論づけています。

この石原発言を受けて、猪瀬副知事（当時）が「今のお話で、兵役とか、例えば消防とか、…それで今年考えたのは、体育館に被災地の状況と同じように、夏休みに体育館にとにかく何泊かすると。そして、近所を見回りする。自分で避難民の食事をするという、そういうことを今年の夏。そしたらただちにできますから。インフラは学校の先生と体育館があれば。だから、防災隣組の一つの一環で。高校生に、とにかく体育館に泊まらせると。クーラーの効かない体育館に泊まらせるということを、今年やります」（以上、第三回円卓会議『議事録』、二〇一二年四月一一日）と述べています。こうして、都立高校生の宿泊を伴う防災訓練が始まったのです。つまり、韓国の徴兵制がモデルになっているのです。

準徴兵制につながる「一週間程度の宿泊防災訓練」

すでに述べましたように自衛隊への「職場体験」は、二〇〇二年の「総合学習」の新課程より出発しているように見えます。しかし、実際には二〇〇〇年より始まっています。つまり、自衛隊への体験が教育課程の変更よりも先行して始まっており、その後は「総合学習」の新課程に便乗して実施されているといえます。

同じように二〇〇六年に「教育基本法」が改悪され、新たに「教育振興基本計画」(以下、「振興計画」とする)に基づいて教育が実施されるようになりました。そしてこの「振興計画」の中にこの「体験学習」が明記されています。したがって今度は、文科省の「体験学習の推進」という国の方針の下で、より明確な根拠をもって便乗推進されているのです。

この「振興計画」の「体験学習・読書活動の推進」の項には次のように書かれています。

「全国の小学校・中学校及び高等学校において、自然体験活動や集団宿泊体験、職場体験活動、奉仕体験活動、文化芸術体験活動といった様々な体験活動を行う機会の提供について関係府省が連携して推進する」(「教育振興基本計画」、二〇〇八年七月一日、文部科学省)

この新「教育基本法」一七条二項は、文科省の示す「振興計画」に基づいて各自治体で「振興計画」を定めることが規定されています。東京都の場合、『東京都教育ビジョン』という形で都教委版の「振興計画」を設定しています。この『東京都教育ビジョン』はすでに「第三次」(二〇一三年四月)まで出されています。この『東京都教育ビジョン(第三次)』の「安全教育の推進」の中に次のように書かれています。

「都教育委員会に『学校安全教育推進委員会』を設置するとともに、全都立高校に地域の人材等を構成員とする『防災教育推進委員会』を設置し、地域と連携し、実践的な防災教育を推進する。また、発災時に近隣住民の安全を支える実践力のある人材を計画的に育成するため、全都立高校において関係機関や地域と連携した一泊二日の宿泊防災訓練や、防災に関する体験活動を行い、『自助』『共助』の精神と実践力を兼ね備えた人材を育成する取組を推進する」(『東京都教育ビジョン(第三次)』東京都教育委員会、二〇一三年四月)

ここで書かれていることは、①都教委の中に「学校安全教育推進委員会」を設置するということ、②全都立高校に「防災教育推進委員会」を設置する。この委員会は地域と連携し実践的な防災教育の推進するためのものであること、③一泊二日の防災訓練や防災の体験活動は、「自助」「共助」を目的として、地域と連携すると共に人材育成のためであること、等です。ここで問題になるのは、学校だけではなく地域と共に全都立高校で「防災教育推進委員会」を設置する、と書かれていることです。そうしますとこれは、教育政策というよりも、学校を中心とした地域政策ということになってきます。この地域政策に児童・生徒を組み込ませる政策であるとするならば、教育法との関連で問題が残ることになります。新「教育基本法」の成立以降、「奉仕」について法令化がいくつかなされてきましたが、この地域政策はこれとは全く別物だと考えられます。

また、一泊二日の防災訓練ですが、「都立高校改革推進計画（第一次実施計画）」では、「一週間程度の宿泊訓練などにとりくむ」（『都立高校改革推進計画第一次実施計画』、都教委、二〇一二年二月）とされています。高校生が、一週間程度も自衛隊駐屯地などに缶詰にされ訓練をされるならば、これは準徴兵制につながるのではないでしょうか。そもそも、防災訓練に宿泊が必要なのか否かが問われなければなりませんし、ましてや一週間程度の宿泊訓練には、別の意図があると考えざるをえません。

また、「『自助』『共助』を目的」とすることが書かれていますが、防災で第一に大切なことは自らの命を助ける「自助」であり、「共助」は第二次的であるのは当然です。しかし、都教委の実施する防災訓練では「共助」が中心となり、「自助」は第二次的な訓練になっています。これでは自分の命よりも他者を大切にすることを意識化（刷り込み）させることになります。東京都の高校の労働組合である東京都高等学校教職員組合は、都教委に対して申し入れを行い、回答を得ています。それによりますと都教委は「生徒の生命や身体に危害を及ぼすような活動を実施することは、想定していません」（『都高教新聞』二〇一四年六月一一日）と答えています。しかし、防災訓練で生徒の命や身体への危害がないのは当然のことです。他者への「共助」を特別に意識化させ、その刷り込みこそが問題なのです。

拡大する自衛隊との連携校

都教委の防災訓練は、二〇一二年に始まりました。前述しましたように、猪瀬副知事（当時）が円卓会議で公言し、この年全都立高校で一泊二日の宿泊防災訓練がはじまりました。一七九校で、自校の体育館で「発生時を想定した避難生活の疑似体験（就寝訓練や備蓄食準備訓練）」を実施しました。体育館で備蓄米を食べての生活を行いました。しかし、この年すでに四校が自衛隊と連携し、自衛隊員を招いて講演を行っています（他は、消防庁等との連携が多い）。そして一二校が、「防災教育推進校」として指定されています。この、「防災教育推進校」は、二泊三日の東京消防庁の消防学校への宿泊訓練、被災地の視察、上級救命技能を受講し認定してもらう、等を行いました。

二〇一三年度の、都教委の防災教育の要項では推進校は一五校に拡大しました。この中に、本書で紹介する朝霞駐屯地で訓練を行った都立田無工業高校も入っています。この年度の要項では、「自衛隊（東京地本）との連携を予定」の一項目が加筆されました（資料③参照）。田無工業高校は、この新「要項」に基づいて朝霞駐屯地での宿泊防災訓練を実施したのでした。田無工業高校の訓練実施には、都教委の課長や指導部長が参加しています。このことは自衛隊との訓練が都教委をあげての取り組みであることがわかります。

そして、同校を含め七校が自衛隊との連携を行いました。田無工業高校以外は、隊員の防災講話などが中心ですが、かまど作りなどの実践を行った学校もありました。しかし、自衛隊の災害における主要な役割は、災害後の復興にあります。災害から自分の身を守るための防災ではありません。「災害対策基本法」によれば、「防災」とは、「二条　二　防災　災害を未然に防止し、災害が発生した場合における被害の拡大を防ぎ、及び災害の復旧を図ることをいう」と規定しています。つまり、自衛隊の「災害復興」も「防災」の概念規定に含まれるわけですが、高校生が災害復興に従事しなければならない規定はどこにもありません。つまり、高校生に対しての防災講話は自衛隊にとっては役割の範囲外なのです。消防署や救急の対策のための赤十字などを招くのが適切のように思います。それなのに自衛隊を招いて防災講話を行うことは別に意図があるとしか思えません。

そしてさらに重要なことは二〇一三年度までは、推進校で生徒による「防災活動支援隊」や「防災サミット」の開催など、いくつかを義務づけていることです。これについては次で詳しく述べます。

さて、二〇一四年度は、特別支援学校にも防災訓練を義務づけています。そして全都立高校に「防災活動支援隊」の結成を義務づけています。また、二学期になる前に、前年度自衛隊と連携した学校は、本年度も同じように自衛隊と連携して隊員を呼んで講演会などを実施しています。昨年度と異なるのは、小笠原高校が海上自衛隊と連携して訓練を行っていることです。

自衛隊との連携校はさらに拡大し、連携内容も多様になってきています。自衛隊での防災訓練では、提出した名簿はそのまま自衛隊のリクルートの対象になっています。自衛隊法施行令の一一九条は「都道府県知事および市町村長は、自衛官又は自衛官候補生の募集に関する広報宣伝を行うものとする」と規定しています。防衛省では、この規定に基づき自治体が協力してくれていると認識しているようです。しかし、都教委が自衛官募集に協力して自衛隊との連携を行っているとすればこれほど大きな問題はありません。自衛隊のダイレクトメールで、自治体が住民基本台帳を提出して協力しているのは、この条項を根拠にしている可能性があります。

学校がファシズムの拠点になりかねない「防災活動支援隊」の存在

都教委の出している防災教育の『要項』の中で特徴的なのは、生徒の中で「防災活動支援隊」（以下、「支援隊」とする）の存在です。二〇一三年度は、推進校でのみ義務づけられていましたが、二〇一四年度は全ての都立高校で結成が義務づけられています。この組織は、二〇一三年度の『防災教育推進校実施に関するガイドライン』（二〇一三年二月二八日、東京都教育委員会発出）でその設立と趣旨が示されています。

生徒会やクラス代表などで結成することが例示されており、そして、自校の災害時の生徒リーダーになることが要請されています。しかし、学校におけるこの防災の体制は、日常的に準備されることが要点とされています。多摩地区のC高校の場合、年間一〇回にわたり防災関連活動を行い昨年表彰されています。いうならば日常的な生徒組織による指揮命令の確立がこの「支援隊」に意図されているのです。

生徒による自治的組織としては生徒会がありますが、どこの学校でも形骸化してきているのが現状です。それは、生徒の自治的活動が許されないような管理体制が学校に確立してきているからなのです。この生徒会に代わって生徒のリーダーとして作られるのがこの「支援隊」なのです。民主的で自主的な組織に代わり、規律と統制の生徒組織が意図されています。つまり、この組織は生徒会組織とは対極に位置する組織なのです。しかし実際には、生徒会がそのまま「支援隊」に組織改編されることになる例が多くなりそうです。これでは、学校がファシズムの訓練の場になりかねません。

またこの「支援隊」は、地域との防災活動のリーダーになることが期待されています。都議会文教委員会で金子指導部長は、「生徒は…災害発生時に地域の避難、救護、救援の中心的な役割を担う」（二〇一三年一一月二七日）と述べています。しかし、生徒が地域の防災のリーダーになることは法令的な根拠がありません。「学校教育法」をはじめ教育関連法には地域での防災の役割は示されていません。また、災害基本法では、学校の役割は示されていますが、生徒の地域での防災の関わりについてはここでも示されていません。つまり、この都教委の防災訓練の構想は、明らかに法令を逸脱しており、また危険な要素をはらんでいると思います。

また、前述の文教委員会（二〇一三年一一月二七日）で、都教委の金子指導部長は「（災害派遣の）活動は、防衛の際にも求められるものであり、自衛隊の所掌事務である防衛に含まれるというものでございます」と述べています。つまり、防災活動が防衛活動として意識されていることが分かります。都教委にとって生徒の防災訓練は防衛活動の一環とみなしているのではないでしょうか。前出しましたように都教委は一週間程度の宿泊訓練を構想しています。そのことと合わせて考えますと、この防災訓練を名目にした宿泊訓練には危険なものを感じざるをえません。

3 自衛隊駐屯地で行われた高校生の「防災訓練」

都教委が直前まで隠してきた駐屯地での訓練

二〇一三年七月二四日の「東京新聞」夕刊は、都立田無工業高校の自衛隊駐屯地で宿泊防災訓練の予定（七月二六〜二八日）がある事実を伝えました。しかも、東京都教育委員会が「当初、詳細公表せず」の見出しで、都教委が詳細をひた隠しにしてきた事実を報道しました。報道されたのは、実施のわずか二日前でした。この報道は教育関係者と、都民を驚かせました。高校生が自衛隊駐屯地で訓練を受けるなど考えられないことであったからです。

それにしても実施二日前まで隠していた事実は不信を招きます。反対運動で、中止にならないための手立てであったことが推測されます。生徒の宿泊を伴う学校行事というのは、数ヶ月も前から計画されるのが通例です。それなのにこの陸上自衛隊朝霞駐屯地（東京都）での防災訓練は、マスコミに隠され、秘密裏に計画が進行していたのです。

そして七月二六日、貸し切りバスで三四人の生徒が朝霞駐屯地で「隊内生活体験」の訓練を行ったのです。参加した三四人はラグビー部などでした。

都教委が田無工業高校に発出した「決定通知」の文書（六月二八日付）を見て驚きました。決定されたのは七月実施だけではありませんでした。翌年二月三〜五日も朝霞駐屯地で計画され、対象は「二学年」となっていたのです。その後、都民などからの反対運動等の影響もあり、二月の訓練は夢の島の東京スポーツ文化館（ＢｕｍＢ）に変更されたようです。反対運動は、練馬平和委員会、婦人民主クラブや都教委包囲首都圏ネットなど、多数にのぼりました。これらの市民団体の抗議行動につきましては後述します。

都教委をあげての取り組みであった田無工業の自衛隊との訓練

この田無工業高校の自衛隊訓練は異例でありました。東京都教育委員会からの参加者があまりにも多いのです。生徒三四人に対して引率教員が六人（校長、副校長を含む）も多すぎるのですが、都教委からも六人の指導主事が参加しました。そのうちの二人は課長でした。結局、三四人の生徒に対して学校と都教委が合わせて一二人の引率でありました。同時に、駐屯地では生徒よりも多い自衛隊員が指導にあたったという記録があります。そうしますと、三四人の生徒は教員や都教委職員、そして自衛隊員らの多勢に囲まれての訓練だったことがわかります。

一つの高校の行事に都教委から多数が参加することは異例ですが、その中に課長が二人も参加するということは聞いたことがありません。ところが、さらに驚かされたのは、二月のＢｕｍＢでの宿泊訓練でありました。ここには教員が一七人参加し、都教委からは一六人も参加しました。その中には教育委員会の金子指導部長も参加しているのです。指導部長が参加する学校行事というのは、一般的にはありえないことなのです。このことからからも、この自衛隊との防災訓練は、都教委あげての取り組みであったことがわかります。特に、参加課長の一人は教育改革関連の課長でした。

はたして、非公開の自衛隊駐屯地で何が行われたのか。七月の朝霞駐屯地の訓練を練馬平和委員会の坂本茂さんがウォッチ・撮影されました。そのドキュメントをご覧ください（以上、文責・永井栄俊）。

ドキュメント　東京都立田無工業高校生の朝霞駐屯地での三日間

坂本茂（練馬平和委員会）

東京都立田無工業高校生三四名の朝霞駐屯地での三日間の実態はどうだったのか。何が行われていたのか。現場への取材、自衛隊の「命令書」と田無工業高校の「復命書」をもとに時系列で詳細に明かす。
※復命書：職員が上司から会議への出席・調査等命ぜられた場合に、その経過・内容及び会議について上司に報告する文書をいう。

実施要項

陸上自衛隊朝霞駐屯地（東京都練馬区）隊内生活体験（＝体験入隊）者：都立田無工業高校男子生徒三四名
日時：二〇一三年七月二六（金）から七月二八日（日）まで二泊三日（五一時間）
場所：陸上自衛隊朝霞駐屯地（外来隊舎B棟七階・北グラウンド・武道場・厚生棟談話室・研修棟一〇二教場・陸曹食堂・第三浴場など使用）

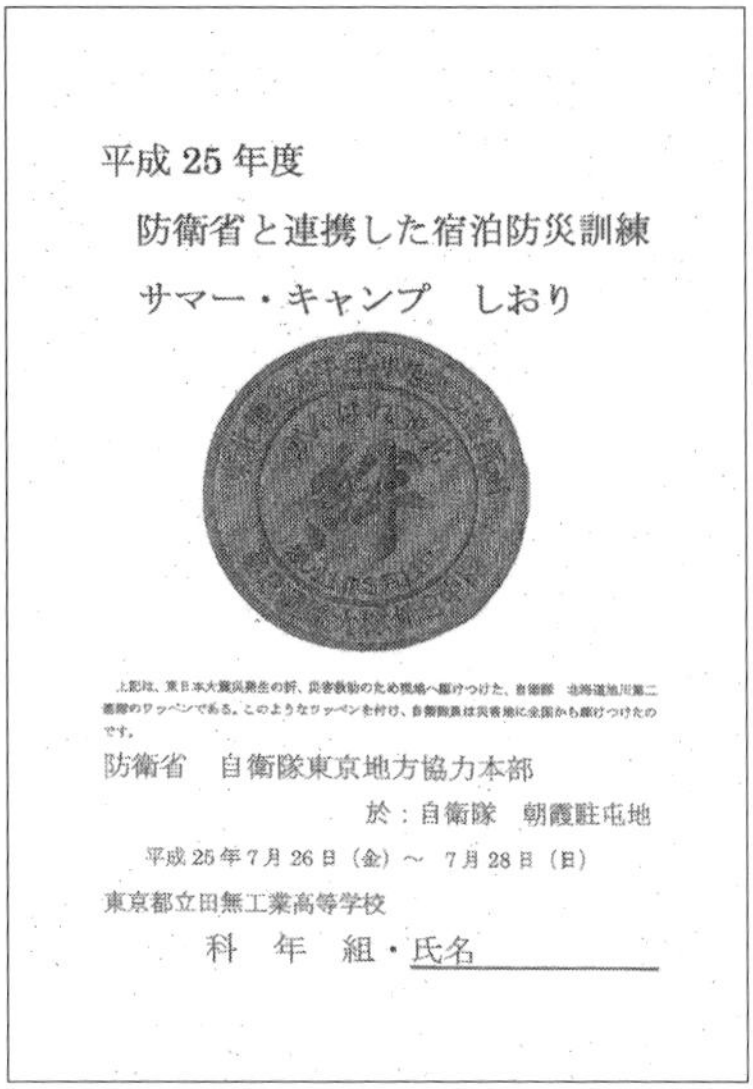

平成25年度

防衛省と連携した宿泊防災訓練

サマー・キャンプ　しおり

上記は、東日本大震災発生の折、災害救助のため現地へ駆けつけた、自衛隊　北海道旭川第二衛隊のワッペンである。このようなワッペンを付け、自衛隊員は災害地に全国から駆けつけたのです。

防衛省　自衛隊東京地方協力本部

於：自衛隊　朝霞駐屯地

平成25年7月26日（金）～　7月28日（日）

東京都立田無工業高等学校

科　年　組・氏名

生徒に配布された「サマー・キャンプ」と記されたしおり

目的：防衛省自衛隊東京地方本部と連携した都立高等高校の防災教育推進校の訓練の更なる充実と円滑な実施のため

※七月一一日東京都教育庁指導部高等学校教育指導課教育指導課が朝霞駐屯地司令に届けた陸上自衛隊隊内生活体験申込書より。

【隊内生活体験申込書】参加する生徒の氏名・年令・性別・緊急連絡先を自衛隊へ提出。

東京都教育庁が実施する都立高校生に対する宿泊防災教育（第五回）支援に関する自衛隊東京地方協力本部一般命令（以下自衛隊命令書）によれば生徒を支援した隊員は自衛隊東京地方協力本部渉外広報室長以下二四名とあるが、田無工業高校副校長などが校長へ提出した「田無工業高校復命書」（以下「復命書」）によれば「生徒を上回る隊員」とも明記されている。ＡＥＤなど救急救命法は募集事務専門の自衛隊東京地方協力本部以外の東部方面衛生隊が担当したためであろう。また、生徒の参加費は衣食住、バス代も含め全て無料である。

自衛隊の「命令書」と田無工業高校の「復命書」から見た三日間のスケジュール

２０１３年

７月26日

8時　田無工業高校へ参加者全員集合
8時15分　富士自動車の大型バスで学校出発
10時35分〜45分　着隊式　研修棟　戦闘服姿の隊員と生徒は学校作業着に着替え〔田無工業高校が作成した「復命書」は、この着隊式を開校式と表現している〕

【着隊式】教育庁が実施した宿泊防災訓練の開始に伴う様式で、全般的な進行は教育庁が実施した。東京地本としては、その式に引き続き要員の紹介や隊内生活体験の全般について生活上の注意事項を説明した。隊内生活体験を体験入隊と呼称される隊員もいるが、正式には隊内生活体験だ。（以下【　】内は全て防衛省の説明）

10時45分〜12時　躾・基本教練　研修棟〔「復命書」は研修棟から宿舎に戻り、部屋の使い方の説明と表現〕

【躾】衛生管理として手洗いの励行すること、ハンカチの携行、食事の注意事項として配膳の要領、食堂での整列並び方、物品愛護として備え付け物品の扱い、清掃の要領、入浴場所のタオルで体を拭くとか入浴要項、駐屯地内での団体行動での移動要領、隊内生活体験の必要なルール躾事項を説明した。

【基本教練】朝霞駐屯地での隊内生活体験についても誰でもが実施する隊内生活体験の団体生活で必要な基本的動作の教示を行った、具体的には整列、方向転換右向け右とか、隊列を組んだ移動の要領、これらの動作を指示するための号令について教示したもの。

12時〜13時　昼食・休憩　陸曹食堂から弁当受領　研修棟
13時〜15時　基本教練　北グラウンド〔「復命書」は基本教練を基本的な生活と表現〕

15時～17時　東部方面衛生隊担当教育（AEDなど）　研修棟
17時　　終礼
17時15分～45分　夕食（弁当）・入浴：第3浴場まで移動も行進訓練〔「復命書」は徒歩で移動とだけ表現している〕
17時45分～25分　入浴
18時25分～19時25分　身辺整理（一〇人部屋に扇風機一個、クーラーは二一時に消える）
19時25分～20時　着隊指導（ベットメイキング、点呼要領）〔「復命書」は着隊指導を課外学習と表現〕

【ベッドメイキング】自衛隊のベッドはシーツが二枚と毛布が五枚ある。それらを使用した敷き方たたみ方。これらを指示するための号令について教示した。

【点呼】班のリーダーによる班の人員数や健康調査の掌握の報告。

20時～21時　教育内容の復習・ディスカッション（リーダーに求められるものは何か）
21時から　清掃
21時40分　日夕点呼（軍事用語）
22時　消灯・就寝

7月27日
6時　起床・点呼
6時～7時　朝食・洗面　点呼終了後各班1名が陸曹食堂から朝食受領
7時～8時25分　清掃　氷受領

【氷受領】熱中症防止対策として、生徒が携行したペットボトル・ドリンクなど冷やすための氷を職員が糧食班から受領。

8時30分　朝礼　外来隊舎朝礼場

8時45分〜10時　防災講話　研修棟

10時〜12時　応急担架教育　北グラウンド

12時〜55分　昼食・休憩

13時〜15時　ロープワーク教育　研修棟

15時〜17時　止血法・包帯法　氷受領　研修棟

17時〜15分　終礼

17時15分〜　昨日と同様なスケジュール

7月28日

5時　非常呼集〔「復命書」は非常呼集と明記し、敵襲など緊急の事態に備えた非常対応の軍事用語を使用し、「命令書」はなぜか避難呼集と使い分けた〕

【避難呼集】震災は起こるかわからない特性から、生徒たちが予期しない起床前の朝5時に呼集をかけさせていただいた。学生のリーダーの指示のもと冷静な行動および班員の掌握、健康状態を確認する掌握する体験をしていただいた。

5時15分　人員掌握・報告〔「復命書」は非常呼集人員点呼後、宿舎一広場に集合点呼避難訓練その後、清掃及び撤去の準備を行ったと表現した〕

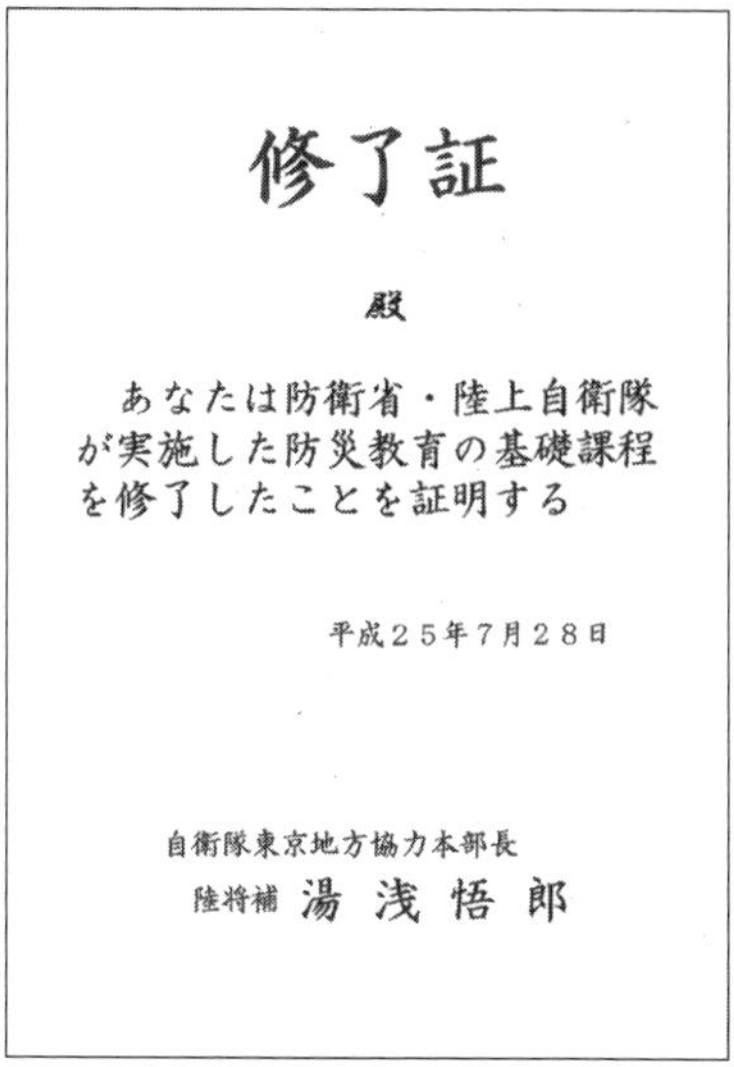

修了証

殿

あなたは防衛省・陸上自衛隊
が実施した防災教育の基礎課程
を修了したことを証明する

平成２５年７月２８日

自衛隊東京地方協力本部長
陸将補　湯浅悟郎

図・修了証

5時15分～6時　班毎に駐屯地内行進
6時～7時　朝食・洗面
7時～8時25分　清掃　氷受領（熱中症対策）
8時30分　朝礼　外来隊舎朝礼場
8時40分～50分　応急担架、止血・包帯法
北グランウンド
11時30分から12時　離隊式　陸曹食堂

【離隊式】 教育庁が実施した宿泊防災訓練が終了にともなう行事。全般的な進行については教育庁が実施した。地本は修了証と記念品の授与をした。「復命書」は離隊式を閉校式と表現している。

12時～13時　昼食・休憩　お土産購入

【お土産購入】 最終日の休憩時間に駐屯地内の売店を利用できる時間を東京地本が計画したが、当日時間が取れなかったと利用できなかった。

13時　勤務員全員で見送り。
13時15分　「復命書」は大型バス（東京都の観光バス）で宿舎前を出発
14時50分　学校着、解団式、校長の言葉や諸注意の訓示

15時15分　解散、行事終了

田無工業高校生への自衛隊訓練　監視レポート

七月二八日早朝より昼過ぎまで、朝霞駐屯地のフェンスの外から監視したことをレポートする

7月28日

私は早朝、太陽を背中に駐屯地フェンスから約四〇メートル離れた外来隊舎B棟前ひろばに集合した、田無工業高校の生徒たちを望遠レンズで撮影した。警務隊のジープに乗った自衛官は私の動きを一部終始監視していた。

5時　司会・訓示・号令は自衛隊東京地方協力本部の海上自衛隊出身の一等海尉。生徒たちの予定表では六時起床だが、やけに早い時間帯だ。生徒たちへ「非常呼集」（軍隊用語）がかけられたようだ。

5時42分　食堂付近より班構成の生徒集団一〇名くらい（実習作業服はバラバラ、長髪少なく坊主が多い、ピアスや携帯電話一切なし、茶髪もいない）が先頭に宿泊した外来隊舎B棟付近に行進してきた、その脇に自衛官その後ろに防衛省職員（背広組）一名。生徒や自衛官のずっと後方にトレーニングウエアー姿の田無工業高校副校長など八名がついてきた。そのあと次々に他の生徒たちを構成する班がついてきた。

生徒の服装はタオルを首に巻き作業用制服（帽子着帽自由）。運動シューズ。機械科・建築科・建築工学科別の濃紺の上下作業服姿（歯車のロゴにローマ字でＴＡＮＡＳＨＩとある）は二一名、薄

緑（濃いのと薄いのがある）の上下制服は一二名合計二三名見える。引率してきた先生（カメラやレポート用紙持参）はジャージなどの服装で八名（教員は六名なので二名は東京都教育庁）。自衛隊東京地方協力本部渉外広報の一等海尉（海上自衛隊：朝は紺色の作業服で離隊式は真っ白な幹部用夏服であたかも海自の服装だ）が生徒の前で号令や注意事項など説明。他に自衛官は撮影班など四名、さらに防衛省とネームプレートの背広組一名（紺色の作業服に黄色字で防衛省と明記、緑十字の腕章）が見える。

5時42分　外来隊舎B棟前ひろばに四列縦隊で集合始まる（起床六時が予定）。生徒の前には自衛官が指揮をとっている生徒の周囲に自衛官や防衛省職員。生徒全員ではないが二〇人くらいいるが先生の姿は後尾でまだ見えない。

自衛官と生徒のみ。全員が揃った後最後に先生たちがついてきた。生徒を指導する教官らしい自衛官が生徒に何やら注意事項を話している。自衛官五人（生徒前方に指揮をする三名の自衛官、生徒後方に二名）、高校の先生や教育庁など八名は全て生徒たちの後方にいて私のカメラを気にしている。自衛官と何やら「あそこで写真撮ってるぞ」と話しかけているようだ。私がフェンス越しに写真を撮っていると自衛官が近づき「撮影されていましたか」といったかと思うとすぐ私の身元がわかったか引き返し、撮影班が私の写真を撮り始めた。先生たちも私の行動に慌て始めた。私に対する自衛官の監視は終始続いた。

5時43分　生徒たちは連日熱帯夜が続き、睡眠不足の数人があくびをしている。自衛官六名。号令をかける自衛官、両サイドの自衛官に説明を聞きながら生徒たちは手を横に広げながらキョロキョロしながら整列を始める、まるで自衛隊教練だ。手を口に当て大声で命令をする一等海尉の自衛官が生徒のあいだに入っていく。先生たちは腕を組んだりして生徒の行動をただ見ているだけ。手を前へならえしている子もいれば、下を向いたり生徒たち落ち着かずだらけぎみ。先生はやることもなく私の行動をしきりに気にする。

5時44分　一等海尉の説明が終わる。屈伸体操が一等海尉の指導のもと始まる。生徒は、「三日目最後の一日だ、早く終わらないかなー」という気持ちなのか、だらだら運動をしている。先生は相変わらず私の方ばかり気にしている。一人の自衛官はカメラで生徒と私を撮るのに忙しいようだ。

5時45分　一等海尉は左向けとみんな私のほうを向いて足の筋を伸ばしている。自衛官のやる通りのことを生徒たちはだらだらとばらばらでボーとしながらやっている。背伸びせよと号令が聞こえてくる。先生たちは八人いるのか男性のみだ。やはり生徒より私が気になるようだ。自衛官が私に「何やってるんですか」とまた来た「写真撮っているよ」というと、自衛官はまた戻ってしまった。校長先生は小さな画板に体験入隊のスケジュールを書いた「しおり」を挟んで持っている。

5時46分　一等海尉「体操終わり」と号令

5時48分　生徒たちの脇の自衛官が何やら説明を言い出す。生徒たちは外来隊舎B棟へ戻っていった。それから一〇分後、生徒たちと入れ替わりにラッパが鳴って、生徒たちが泊まっている外来隊舎B棟から一〇代の新入隊員たちが次から次に二〇〇人くらいの集団が出て来て外来隊舎B棟前の広場に整列した。まるで生徒たちが自衛官の服装に着替えたのかと錯覚した。集合！　健康状態はどうのこうのと掛け声が聞こえる。自衛官の教練が始まった。

自衛隊訓練の様子（2013年7月28日、陸上自衛隊朝霞駐屯地）

6時以降は、生徒たちは朝食や駐屯地の奥まったところの活動なので一旦取材を中止し、一三時から取材を再開することにした。

13時03分　班構成された約一〇人程の生徒たちの一団が笑顔で学校の制服姿で昼食を終えたのか、ペットボトルやビニール袋を持って朝礼をした外来隊舎B棟前の広場に集まってきた。脇には防衛省と書いた青い色の作業服姿の職員が二人いる。

13時07分　少し遅れて高校生と先ほどの防衛省の職員や自衛官が大きな声で「右向け右」と生徒と一緒に走りながら笑顔で生徒たちへ語りかける。

13時08分　またしばらくして十数人の

生徒たちの一団が走ってやってくる、迷彩作業服の二人の自衛官がやはり大きな声で「右むけ右」と声をかけると生徒たちは笑いながらやってくる。とってもフレンドリーだ。

13時09分　それぞれの班なのか、外来隊舎B棟前に集合するとそれぞれ一列に並ばされて自衛官が生徒に向かって敬礼し何やら号令をかけ、生徒たちは外来隊舎B棟へ入っていった。先生はいつも最後尾だ。

13時09分　東京都交通局の大型観光バスが到着。朝は濃紺の一等海尉は離隊式のため真っ白な姿に着替えて晴れの舞台を演じた。女性の自衛官は生徒に渡す「修了証」を持って参加している。

13時10分　生徒たちは大きなバックやリックサックを持ち、帰りの支度を急ぎバスへ向かった。

13時13分　自衛官が外来隊舎B棟前広場に大きな自衛隊のマイクロバス二台を南北に止める作業にかかる。私に写真を取らせないためにバスを誘導する。

13時14分　「修了証」をもらった生徒たちは縁石などに座り込んでいる。

13時16分　マイクロバスを誘導し、私に見えないように止める。生徒たちの行動が見えない。（車と車の間からしか見えない、ガラス越しもよく見えない。防衛省本庁の職員が二～三名いる）

13時18分　マイクロバスの西側に整列して自衛官たちが生徒たちになにやら講話だかしている。

13時19分　バスに乗り込みだした。しかし、自衛官は班ごとに最後の講話をしているのだろうかまだバスに乗り込まない生徒たちや教育庁職員の姿も見える。

13時21分　自衛官の訓示に何やら生徒たちが耳を傾けている。

13時23分　次々にバスに乗車し、先生たちを最後に完了。自衛官や先生たちは相変わらず私が気になるようだ。特に校長先生は見られてまずかったなという顔つきで終始わたしを見つめていた。

バス出発は45分だが早めに出発し田無工業高校へ向かった。

13時32分　大型観光バスは大泉門ではなく朝霞門より遠回りして出発した。

都立高校の防災訓練に関する防衛省への質問と回答

約一年後の二〇一四年七月二九日（火）、自衛隊をウォッチする市民の会は防衛省に都立高校の防災訓練に関する要請行動を行い、諸点について回答を得た。回答者は自衛隊東京地方協力本部渉外広報室長の滝澤健二3等陸佐である。

この回答は重要なのでここに掲載する。私も感じていることだが、自衛隊側は防災訓練ではなく、自衛隊の「職業体験」と位置づけていることがわかる。

＊自衛隊の募集・広報活動について

〈回答〉

「募集は自衛隊東京地方協力本部が主体的に実施する」

さらに自衛隊法施行令第一一九条を引用し「都知事などと連携を保ち募集目標を達成することが主眼」である。

＊都立大島高校生徒三三名の（二〇一四年一一月二六日～二八日）の隊内生活体験について（本書62頁参照）

〈回答〉

「自衛隊東京地方協力本部は東京都教育庁から都立大島高校が団体生活・規律を希望するということで文書依頼（昨年七月実施した田無工業高校の時は口頭）を受けた」

「隊内生活体験のことを向こうは（教育庁）防災訓練と言っているが、うちは（地本）隊内生活体験だ。

それを踏まえて内容を調整している。内容が決まれば都立大島高校は実施日の一ヶ月前に隊内生活体験申請（氏名・年令・性別・緊急連絡先を記した名簿も含む）をしてもらう」

4 都立田無工業高校二回目の自衛隊との「宿泊防災訓練」
——夢の島・東京スポーツ文化館（ＢｕｍＢ）／二〇一四年二月三〜五日

田無工業高校は、二〇一三年七月の自衛隊朝霞駐屯地での宿泊防災訓練につづいて、翌二〇一四年二月三日（月）〜五日（水）にも宿泊防災訓練を行いました。七月は運動部員の三四名でしたが、二月は二学年生のすべてが対象になりました。実際には一五五名が参加予定で、そのうち約一四〇名ほどの参加でした。

半強制的な「参加同意書」

このＢｕｍＢでの訓練の場合、保護者に向けられた「参加同意書」が特別でした。次頁を見てお分かりのように、不参加の場合にその理由を書く欄が非常に大きく枠が設けられています。つまり、不参加に○をつけにくい条件になっているのです。そして「同意」が前提とされています。

これは、七月の場合と好対照となっています。七月の訓練では「参加申込書」となっており、不参加理由を書く欄も無いことがわかります。つまり、ＢｕｍＢでは、生徒・保護者に強いプレッシャーを与える状況になっていることがわかります。半強制的な参加であったといえます。それにもかかわらず十名以上が不参加であったことは、生徒・保護者の中にかなり疑問を持った人が多かったといえるのではないでしょうか。

参　加　申　込　書

私は、平成２５年７月２６日（金）～２８日（日）の防災宿泊訓練（２泊３日）に参加します。

学科（　　　　　　　　　　科）・学年（　　　年）・クラス（　　　）

生徒氏名＿＿＿＿＿＿＿＿＿＿＿＿＿＿

保護者氏名＿＿＿＿＿＿＿＿＿＿＿＿印

平成２６年　1月　　　日

参加同意書

宿泊防災訓練に　　参加します　・　参加しません　（○で囲んでください。）

※不参加の場合は下の欄に理由をお書きください。

クラス（　　　）（　　　）番　生　徒　氏　名＿＿＿＿＿＿＿＿＿＿＿＿

保　護　者　氏　名＿＿＿＿＿＿＿＿＿＿印

［不参加の理由・御質問等］

平成２６年1月２４日（金）までに担任へ御提出ください。

上・2013 年７月の「参加申込書」と下・2014 年２月の「参加同意書」

すでに記述しましたように、都教委からの引率参加の職員が異常に多いことが、特徴です。都教委職員が一六人参加したことも異例ですが、その中に金子指導部長が含まれていることは、この田無工業高校の行事が都教委の総力をあげての取り組みであったことがわかります。

費用はすべて都教委が負担することの疑問

もう一つ大きな疑問は、生徒の食費も含めてすべて都教委側が負担していることの疑問です。通常、修学旅行などの学校行事では、交通費や食費はすべて生徒が負担します。これは受益者負担の原則に基づくもので、例えば修学旅行で利益を受けるのは生徒であり、その受益者が費用を負担するという原則です。

都教委がＢｕｍＢに支払った総額は二三六万二七二〇円になっています。その内訳は、施設使用料等が一三一万一八二〇円であり、一般需要費として一〇三万一、二二〇円の支払いが報告処理されています。そして、その総額は「教育費」の名目として処理されています。ところが、この一般需用費と同じ金額の「生徒食事代として」と書かれたＢｕｍＢ発行の領収書が存在しているのです。

都教委は二〇一四年度予算として、「防災訓練」の名目で八三〇〇万円を計上しています。なぜ、ＢｕｍＢでの防災訓練がこの費用として処理されないのかが疑問です。

墨塗りと目隠しの防災訓練への疑問

次に掲載しますのは、西田昭司さんのＢｕｍＢ東京スポーツ文化館（東京都江東区）の防災訓練のレポートです。西田さんは、都教委に取材申し込み手続きをして、ＢｕｍＢを取材しました。ところが、会場入口

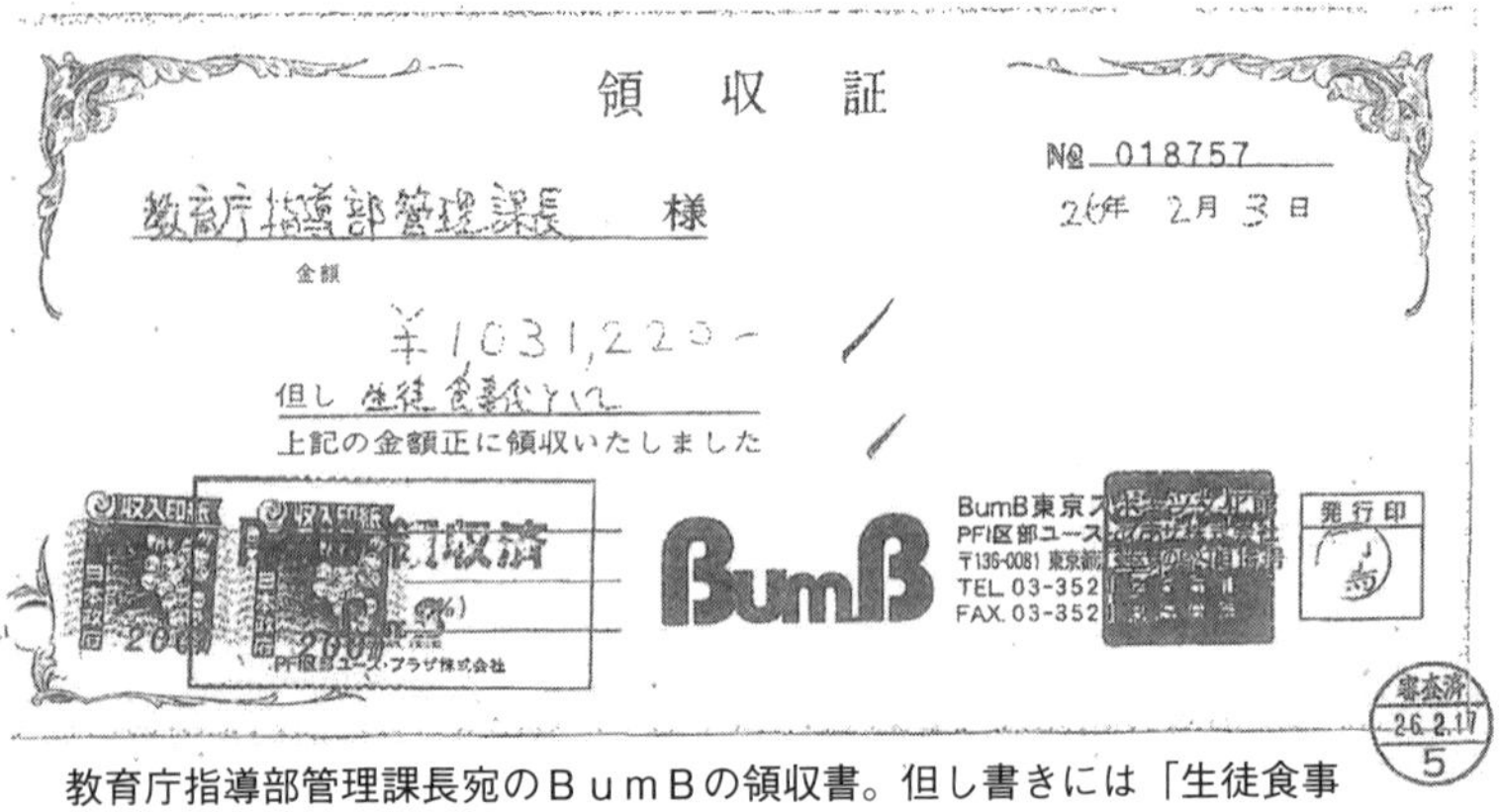

教育庁指導部管理課長宛のＢｕｍＢの領収書。但し書きには「生徒食事代として」とある

の窓には全て目隠しが貼られ、外部と完全に遮断された隠された訓練でした。非公開のために取材できなかった時間帯は、開示資料によって補い報告されています。

しかし、ＢｕｍＢでの防災訓練を都教委に開示請求したところ、生徒・保護者に配布された公明性の高い「しおり」は各所が黒塗りで埋められています。この黒塗り部分を透かしてみますと「自衛隊」の文字が見えます。自衛隊の訓練は隠さなければならないことのようです（以上、文責・永井栄俊）。

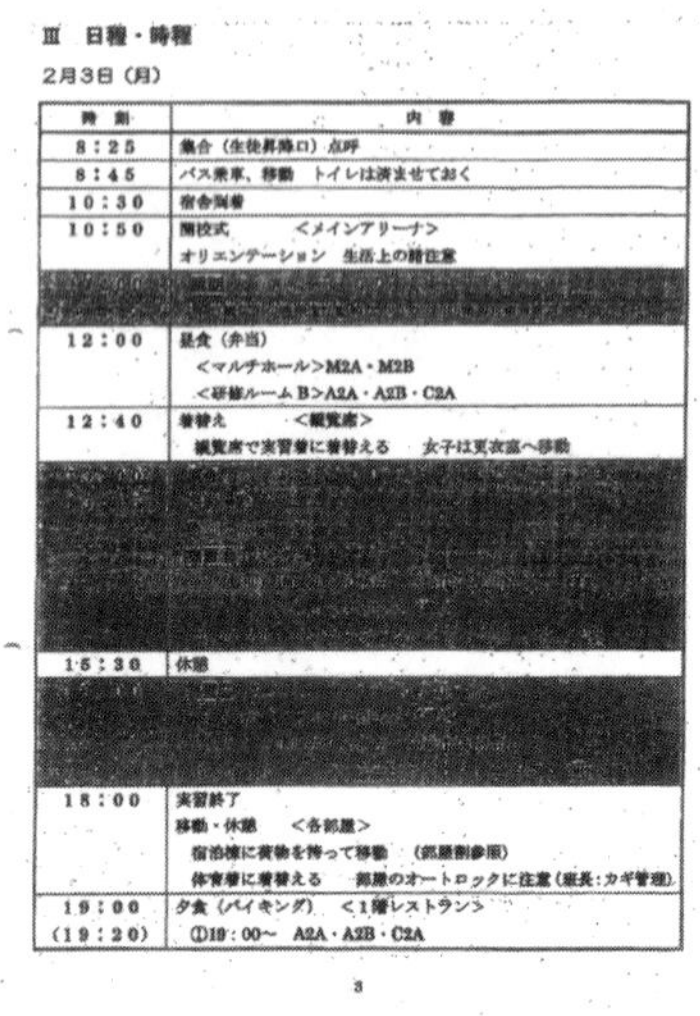

Ⅲ　日程・時程

2月3日（月）

時　刻	内　容
8：25	集合（生徒昇降口）点呼
8：45	バス乗車、移動　トイレは済ませておく
10：30	宿舎到着
10：50	開校式　＜メインアリーナ＞ オリエンテーション　生活上の諸注意
[redacted]	[redacted]
12：00	昼食（弁当） ＜マルチホール＞M2A・M2B ＜研修ルームB＞A2A・A2B・C2A
12：40	着替え　＜観覧席＞ 観覧席で実習着に着替える　女子は更衣室へ移動
[redacted]	[redacted]
15：30	休憩
[redacted]	[redacted]
18：00	実習終了 移動・休憩　＜各部屋＞ 宿泊棟に荷物を持って移動　（部屋割参照） 体育着に着替える　部屋のオートロックに注意（班長：カギ管理）
19：00 （19：20）	夕食（バイキング）　＜1階レストラン＞ ①19：00～　A2A・A2B・C2A

3

開示請求した「しおり」は黒く塗りつぶされていた

夢の島・ＢｕｍＢ（東京スポーツ文化館）の「宿泊防災訓練」レポート

西田昭司（憲法を教育に生かす西東京の会）

1日目（二〇一四年二月三日）

東京都教育委員会の永森指導主事は予定よりも早くに会場に着いていた。

9時06分頃　自衛官一二人（内女性一人）は到着。都教委の人間と打合せに入る。

9時57分　田無工業高校のバス四台が到着。最初の車に校長が乗っていて先頭でＢｕｍＢの入口に入っていった。最初の集団が何人いたかは数えなかった。女子もいたようだ。二番目の集団は生徒三四人くらい。女子もいた。三番目の集団は生徒四〇人くらいで、女子三人。四番目の集団には生徒四二人くらいで女子はゼロ。

10時10分　ＢｕｍＢのメインアリーナで開校式（教育委員会、自衛隊、学校長が各挨拶、生徒代表も挨拶した）。

10時30分　自衛隊の講話「自衛隊の災害派遣活動等について」

ガラス戸目隠し・監視の中での取材

一〇時三〇分過ぎに、都教委職員がわれわれを受付場所からメインアリーナの観客席に案内した。観客席入口までぴったり離れず、われわれにくっついて「案内」した。

メインアリーナの一階入口はついたてで目隠しされている

メインアリーナ観客席入口の所にあるガラスというガラスに全部内側から白い紙を貼り、ガムテープで留め、アリーナ内が見えないようにしてあった。ＢｕｍＢ側に確かめたところ、教育庁の方から「外からの光がまぶしいので、遮蔽のために透明ガラスに白い紙を貼っていいか」と問い合わせがあり、許可し、最終日には撤去するということでした。

一日目午前中に視察した都議会議員には、「ＤＶＤ映写のため日差しを遮蔽するために貼った」と説明があったそうである。しかし、紙を貼ったガラス戸周辺は壁で囲まれていて、実際には「外からの日差し」はほとんど入らない。

また、メインアリーナの一階、生徒や教職員の入口には、白いシーツを張ったついたてが三枚立ててあり、中が見えないようになっていた。ＤＶＤ映写のためであるならば、一日目午後には片付けて良いはずだが、午後も置いてあった。二日目午後も同じように置いてあった。取材妨害以外にはないとおもうのだが、どう説明するのだろうか。

自衛官による「防災訓練」の指導

午後は、一二時に昼食となった。生徒にはお茶とお弁当が配布された。マルチホールや研修室に分かれて昼食をとっていた。

一三時から自衛官の話が始まり、準備体操・ストレッチが行われた。予定の中にあった、整列、点呼、号令というのは特に無かった。生徒たちは七月の時と同じように作業着を着ていた。科によって作業着の色が違う。それを見ると、参加したのは、機械科、建築科、都市工学科の生徒である。機械科の生徒が一番多い。

それから大きく二つのグループに分かれた（学校が報告している「復命書」では、生徒は四グループに分かれたことになっている。A・Bグループが止血法・三角巾法の実習。C・Dグループが応急担架搬送）。

一六時から説明指導者が交代して生徒たちに教えた。

女性自衛官が、大きな声でしかも慣れた言葉遣いでフレンドリーに説明していた。説明の後、いくつかに分かれて実習を行った。

生徒の前にならぶ、迷彩服の自衛隊員

予定表に書かれた時間以外にも休憩を入れていた。そして、休憩を挟んで指導者が入れ替わった。

最後は生徒全員整列して座った。自衛隊員が一列で行進し生徒達の前に並び、静止、敬礼した。前に並んだのは迷彩服を着た者が一〇人（全員右腕に広報の腕章）、背中に黄色字で「防衛省」と書かれた黒いジャンパーの者が二人の一二人。そして脇の方にカメラを胸に提げ、迷彩服を着た隊員が一人、合計自衛隊側は一三人だった。

都教育庁側が何人来ていたのか分からない。われわれを案内した男性に尋ねたが、教えてくれなかった。

一八時に実習終了。諸注意のあと生徒たちはカギを受け取り、宿泊室に散った。

「復命書」によると、二一時から三〇分間、クラスミーティングが行われたようだ。

2日目（二月四日）

2日目は、みぞれが降る非常に寒い朝であった。昨日の実習の復習が行われた。

6時　起床、健康チェック

7時　朝食

9時　実習再開。生徒たちはメインアリーナに班別に着席し、整列した。そして自衛隊員が紹介された。

9時15分　準備運動と「声出し」が行われた。「声出し」は、自衛隊から説明。「明確な指示、意思の伝達、言葉の重要性」が訓示された。

9時50分　各班に分かれて実習の復習。二日目はグループに分かれた。指導する自衛隊員が三名であることに応じて、昨日の四グループから三グループになる。

10時20分　5分の休憩の後、後半の実習が行われた。「応急担架」と「止血法・三角巾」

10時50分　午前中の実習は終了。

12時　　昼食

13時　　午後の実習開始

二日目の自衛官による「指導」

二日目は、自衛官が三名、写真撮影のメンバーもいなかった。最初の自衛官による話では、リーダーの大切さが強調された。

次に、準備体操・ストレッチし、三つに分かれた。一組四〇～五〇人。

フロアを見る限りでは、田無工業高校の教職員は一二人、都教育庁職員五人（内一人が写真撮影）と思われる。永森指導主事の姿はなかった。校長はトレーニングウェア姿。生徒も教職員も自衛隊員も昨日よりリラックスした様子だった。寒いが、生徒は昨日と同じ学校の作業着姿（上下分離型）だった。作業着の下に少し着込んでいる様子だった。

三角巾で止血の復習。垂木と毛布を使った担架作成と「負傷者」搬送。体育館の長い方を使って六人一組で運ぶ。途中教員が邪魔をし、障害をよけて運ぶ訓練。

14時50分　五分間の休憩。実習の再開。三グループともに同じ内容で、繰り返し、繰り返し行われた。リーダーの重要性が強調されていた。

今度は毛布のみで端を丸めて作る担架の実習。二班一緒に行き向こう側で担架を降ろして交代し、戻ってくる。途中にマットなどの障害物を置き、そこを乗り越えたりよけたりして運んでいた。

終了の儀式。自衛隊員が前に並ぶ。「礼」の声で、自衛隊員は敬礼。終了直前の一五時五四分、永森指導主事が現れた。最後に、生徒の代表が「お礼のことば」。全員が「ありがとうございました」。一六時に実習終了。

自衛隊実習終了後DVD上映

生徒がほとんど体育館から出て行った後に、教育庁職員が「それではどうぞ」と言って私を受付が置かれている入口近くの場所まで誘導した。その間、数回こちらを見て生徒などと接触しないように注意していた。受付近くの椅子に座っていたところ、「予定通り四時三〇分からやりますので、四時二五分頃会場にご案内します。」と言われた。

入口の方を見ると、外のひさしの下で教育庁職員が二人の自衛官と立ち話しをしていた。片づけるのに、垂木や毛布を運んでいるのは一人の自衛官だけだった。みぞれが降る中、軍隊の階級の違いを見せつけられた。その様子をもっと近くで見ようと入口近くに行って見ていたら、すぐに先ほどの都教委職員がやってきて、「準備ができましたのでご案内します」と言う。まだ、一六時一一分くらいだ。やはり引き離しに来たと感じた。

予定会場の一つ、マルチホールに入ると、床に白いビニールテープが引かれていて、その後ろにある席に誘導された。機械科の生徒達で、校長は右前に一番年輩と思われる教育庁職員と並んで座っていた。しばらくすると、永森指導主事が入ってきて私の後ろの方に座った。前のスクリーンに、「3．11」と大きな文字が映されていて、副題として「東日本大震災　激震と大津波の記録」と書かれていた。その下に項目が３つ書かれていた。

①　激震と大津波の記録
②　震災後五〇日間の記録 復興への歩み
③　ノーカット版気仙沼を襲った大津波の記録映像

ＤＶＤが、予定通り始まった。終了は一七時五〇分。最後の頃に「制作ＫＨＢ東日本放送、映像提供陸上自衛隊東北方面隊、映像協力ＡＢＣ朝日放送」と出てきた。前半部分では宮城県知事が三～四回出てきた。真ん中後半くらいに「仙台空港の滑走路が１５００メートル確保されるようになると、米軍の大型輸送機が発着し『トモダチ作戦』で本格的な物資輸送が始まった」「自衛隊も……」として、米軍大型輸送機の発着映像が映され、自衛隊の活動が映像で流された。

取材しての感想

訓練の内容は、要約すれば、①毛布を使った担架作成と、②三角巾の使い方の二つである。これだけのために宿泊までして、自衛隊から学ばなければならない理由などないと感じた。自衛隊の宣伝、自衛隊を身近なものにすることが真の目的ではないだろうか。

また、「リーダーの大切さ」ということに教育上の問題を感じた。「リーダーだけが指示を出し、他のみんなはついて行く」ということでよいのだろうか。皆が勝手にものを言って良いというわけではないが、それぞれがそれぞれの立場でものを見、ものを考え、物事を判断して最善と思われる行動をするのが、本来求められなければならない。

「津波てんでんこ」という教えも、ただ逃げろということではない。肉親、兄弟を救いたいということは自然である。過去の様々な例、そして自然の摂理を深く考えて、最も良い方法を考えての判断をしたときに、「それぞれが、それぞれの立場で、それぞれの置かれた状況を判断して最善の行動を選択せよ」という教えだと思う。大災害のような特殊な状態に置かれた時はなおさらのこと、「それぞれが、それぞれの置かれた状況を判断して最善の行動を選択すること」ができるようにすることが大切であり、それこそが教育の課題だと思う。振り返って自分の現役（中学校教員）の頃の避難訓練を考えたとき、「マニュアルに従わせる」ものだったなあと反省させられている。

3日目（二月五日）
※編者注：三日目は非公開の為、開示資料で明らかになった部分のみ報告します。
6時　起床。点呼、健康チェック。
7時　朝食。
8時～9時15分　撤収準備。荷物を整理し担任のチェックを受け、確認後、退室。
9時30分　最終講話。藤本一雄（千葉科学大学危機管理学部准教授）他。講演内容は、①ハインリッヒの法則、②リスクマネージメントの七つのポイント、③ヒューマンエラー等、学問的な内容で、生徒にはレベルが高いものだった。
11時20分　二人の大学教授の講演が終了。
11時30分　昼食。1階レストランで特別バイキング。
13時　閉校式。
13時30分　バスに乗り込み田無工業高校の学校へ戻り、解散。

5 沸き上がる自衛隊の「宿泊防災訓練」への抗議・反対運動の取り組み

自衛隊をウォッチする市民の会の取り組み

都立田無工業高校の朝霞駐屯地での宿泊訓練に対する住民監査請求と東京都監査委員会の却下決定について

種田和敏（自衛隊をウォッチする市民の会事務局長・弁護士）

有志五九名で東京都に監査請求を行った

1、自衛隊をウォッチする市民の会（以下、「当会」とする）を含む有志五九名は、二〇一四年七月二五日、東京都監査委員に対し、東京都教育委員会が自衛隊と連携して二〇一三年七月に都立田無工業高校の生徒をして陸上自衛隊朝霞駐屯地で二泊三日の宿泊防災訓練を実施したことに関し、防災訓練とは名ばかりで、実態は自衛隊の広報活動ひいては募集広報であるので、不当かつ違法だとして、東京都教育委員会が同訓練に支出した費用の返還を求めて、住民監査請求を申立てました。

これに対し、東京都監査委員会は、不当かつ違法だとする理由が具体的でないし、客観的でもないとして、却下する決定を行いました。

2、当会を含む有志は、訓練状況に対する監視活動や、情報公開制度を活用した調査活動、自衛隊の東京地方協力本部や東京都教育委員会との交渉行動を経て、この訓練が実体として自衛隊の広報活動に利用されているという確信に至り、右記住民監査請求に至ったものでした。

また、今回の住民監査請求は、今後予定されている同様の訓練、特に今年（二〇一四年）の一一月に陸上自衛隊の武山駐屯地で都立大島高校の二年生が二泊三日で実施する宿泊訓練に対し、多くの市民に知ってもらうことや、反対の声をあげることも副次的な目的としてありました。

上述したとおり、この住民監査請求に対し、東京都監査委員は却下の決定を下しました。しかし、この決定は違法です。

監査請求「却下」は違法である

3、「棄却」は請求に理由がない場合に行われるものであり、「却下」は請求の要件をみたしていない場合に行われるものであります。しかし、一般的に不当・違法だとする理由が具体的かつ客観的であるという点が住民監査請求の要件に挙げられてはいないため、今回の却下決定は違法です。

また、理由の具体性や客観性については、実質的に請求に理由があるか否かの検討を前提にしなければ判断できないものであります。そのために、請求者に権利として認められている意見陳述の機会や証拠の提出といった手続を経なければ、そもそも判断できないものであります。それにもかかわらず、今回はそれらの手続も一切経ていません。したがって、これらの要件が満たされていない以上、「違法」のそしりを免れるものではありません。

加えて、住民監査請求が住民の権利として認められている理由は、憲法に明記された住民自治の発現であることを考えれば、住民監査請求の中核的手続きである意見陳述や証拠提出の機会を確保すべきでありす。その点で、いずれの手続も経ないまま「却下」の決定を直ちにするのではなく、補正を命ずることをするのが、憲法の理念にもかなう住民監査請求制度の運用であるといえます。その点でも、今回の「却下」決定は違法です。

4、もっとも、今回の「却下」決定に対する異議申立ては、裁判所に住民訴訟を提訴することしか途はありません。

しかし、当会は運動的にみて、この時期に裁判を起こすよりも、さらなる世論喚起をうながして、直近で予定されている大島高校の武山駐屯地での宿泊訓練に対する反対運動の声を強めていくことが、平和憲法を護り、決して子どもたちを戦場に送らない歩みに資すると判断しました。

よって、当会は、今回の却下決定については強く抗議をし、今後も都立高校が自衛隊と連携して行う訓練について反対の声をあげていくことを、ここに表明します。

都教委包囲首都圏ネットワークの取り組み

「防災訓練」に名を借りた高校への自衛隊訓練　戦争国家を支える兵士・国民づくりを許さない！

片岡万里子

学校への抗議行動を開始しました

私たち、「都教委包囲首都圏ネットワーク」が都立田無工業高校の朝霞駐屯地での宿泊訓練を新聞報道で知ったのは実施直前のことでした。「都立高校における防災教育について」（二〇一三年四月二五日教育庁資料）を読み返してみると、確かに防災教育推進校（一五校）とともに、「宿泊訓練についての連携先の開拓（自衛隊［東京地本］との連携を予定）」が明記されており、二〇一四年度以降は「全都立高校へ」拡大との方針もうちだされています。さらに二月には再度の宿泊訓練が予定されていることも判明しました。これは、まぎれもなく石原都政にはじまる「日の丸・君が代」攻撃と軌を一にした戦争国家を支える国民作りのための訓練といえます。

これは「許すことはできない」と、遅ればせながら二〇一三年九月一七日に学校へ出向いて抗議の申し入れをおこないました。そして同年一〇月二日に学校宛の「公開質問書」を提出して話し合いを要求するとともに、この件も含めた都教委の攻撃に対する抗議ならびに闘いの方針提起の集会（「もう黙っていられない10・27集会」）を開催しました。学校は、一一月一九日になってやっと話し合いに応じました。

田無工業高校の校長に自衛隊訓練中止を迫る

一一月一九日、この日学校を訪れ、校長と話し合ったのは七人です。これに対して、池上信幸校長（同席・経営企画室長）が対応しました。当日は、すでに提出していた「質問書」に対する「回答」とともに、二時間近く意見を交わしました。

私たちは、教育労働者を中心に「自衛隊との連携」や「隊内訓練」の問題点を歴史的、教育的観点から丁寧に批判して校長の見解を問いただし、二月の訓練の中止を求めました。しかし校長は、「自衛隊がなぜ問題なのか全く理解できない」し、「整列、行進」なども常々学校でもやっているものだから、「なぜいけないのか」というだけでした。せいぜいが「非常呼集」が軍隊用語というなら、今後検討すると答えただけで、まさに「糠にくぎ」の状態でありました。

また、人命救助の訓練なら日赤や消防だろうといえば、自衛隊での宿泊訓練は避難所などで必要な「リーダーシップを身につけさせるため」であると言いました。これは、災害時における自衛隊の最大任務が人命救助ではなく治安維持であることを考えれば、当然の回答といえます。

いかに都教委の指示とはいえ、自衛隊訓練をおいそれと引き受ける学校（校長）は多くはありません。田無工業高校は、一一月二三日にあきる野市で開催された東京都防災訓練に、遠方にもかかわらず特例的に参加を許され、生徒たちは、またしても「避難経路」を示す地域のジオラマ展示などに再度動員されました。その生徒に自衛隊訓練参加の感想をききますと「きつかったです」と一言こたえていました。

彼らは、まず自分の命を守ることを第一にした従来の訓練が、大きく変質したことについて身をもって実感したに相違いありません。私たちは、止められなかった責任を痛感しつつその後も学校説明会や卒業式にあわせて校門前でのビラまきを続けました。しかし今年（二〇一四年）二月、都教委と同校は再び二年生全員を、対象に、会場こそ駐屯地ではなかったものの、自衛隊指導による宿泊訓練を強行しました。

私たちは一〇月三日に集会を開き、一一月の大島高校の自衛隊駐屯地での隊内訓練をはじめ、いっさいの軍事教練、行政・教育委員会・学校による自衛隊ＰＲ、隊員募集を許さない取り組みをすすめる決意をあらためて固めたところです。

ふぇみん婦人民主クラブの取り組み

都教委や防衛省へ抗議文を提出　四回の請願書と質問書

大東愛子（ふぇみん婦人民主クラブ）

新聞報道で知り、ただちに行動

二〇一三年七月、都立田無工業高校生が陸上自衛隊朝霞駐屯地で宿泊防災訓練を行うとの新聞報道を見た私たちは、ただちに防衛省と東京都教育委員会（以下都教委）に抗議文をだしました。都教委からの回答を受け、再度の請願書と質問書をだし、直接面会の申し入れも行いました。今回の都立大島高校の場合を含め、これまでに四回の請願書をだしています。また、教育系労組、市民団体やマスコミにもその旨を知らせ、取り組みを要請してきました。

語り継がれてきた戦争体験と平和への思い

ふぇみん婦人民主クラブは、敗戦の翌年の一九四六年に結成され、平和問題を柱に女性の人権、環境危機などの活動に取り組み、新聞「ふぇみん」を発行し続け今日に至っています。

七〇年に及ぶ活動の中で、兄を戦争で喪った悲しみと母の嘆きを受けて靖国神社への合祀反対運動を続けている人、生徒たちへの軍国教育を恥じ教師を辞めた人などなど、先の戦争の惨禍をくぐった世代の会員・読者の体験をたくさんの人達と共有してきました。神宮外苑での「学徒出陣」に参加したという会員は「東条首相の演説に送られ、私の目の前をお粗末なゲートルをつけた学生たちが降りしきる雨のなかをずぶぬれになって行進して行きました。あの中の何人が生きて帰れたか」と語りました。そして、この七月一日に、集団的自衛権行使容認の閣議決定が行われたことに対して、ふぇみん定例句会で「集団自衛　また若ものを死地へと煽る」と、その胸の内を詠んでいました。

「防災訓練」の名のもとで行われていること

二〇〇〇年九月、石原都知事（当時）は「ビッグレスキュー東京2000〜首都を救え〜」と題した総合防災訓練を自衛隊員七〇〇〇人以上の参加で行ったのです。この時、多勢の迷彩服の自衛隊員が銀座の街にあふれました。そして、四丁目の交差点を「首都の防衛を担う」役割を持つとされる陸上自衛隊第一師団（練馬駐屯地所属）の装甲車が走り抜ける光景を見ました。あのときの、あの驚愕は忘れられません。私たちは、神戸震災を体験し支援に取り組む兵庫の会員を迎え、銀座マリオン前でマイクを持ち抗議を行いました。しかし、防災訓練に名を借りれば、こうした軍隊の演習まがいのことが容易に許されてしまうことを実感しました。

二〇一四年三月五日号の「ふぇみん」には、「フィリピンを襲った台風の災害支援に一〇〇〇人の自衛隊が派遣されたが、支援に乗じて比・日・米三軍による軍事演習も同時に行った」とあります。

自衛隊の主任務は国家の防衛ということになっており、その日常は救助訓練よりもシビアな戦闘訓練になるのでしょう。災害支援はあくまでも付随的な任務という位置づけであり、災害が多発する現在も変わってはいないはずです。「防災訓練」「災害支援」でも、「軍事組織」という本来の役割が顔をだしがちなことには注意が必要ではないでしょうか？

なぜ自衛隊？　都教委の回答が示すもの

都教委は「なぜ連続して自衛隊を訓練場所に選ぶのか」との私たちの質問に「災害発生時に中核的な役割を担うから」と答えています。さらに「なぜ駐屯地で行うのか」には「自衛隊員から防災に係わる知識や技術を体験的に学ぶだけでなく、集団での規律やルールを学び…」と回答しました。「訓練後の評価は？」の回答にも「集団の秩序とリーダーシップの在り方について学習した。このことはまさに災害復旧の中心となって活動した自衛隊員から指導を受けたからこそできたものといえる」と述べました。

このように都教委は、この防災訓練で「集団行動」を重視しているのです。これはかつての軍国主義教育でみられたことと変わりません。今回のことを知った八四歳の人の新聞投書（東京新聞、二〇一四年七月一六日）には、旧制中学校の教育課程には「集団行動のための躾や規律を学ぶ」として、集合・整列・行進の基本の動作や、号令演習、夜間演習があり、まるで初年兵教育のようだったと書かれていました。

「自衛隊側は都教委側からの働きかけで宿泊防災訓練を行ったと聞くが、これが事実だとすれば教育の政治的中立性をみずから逸脱したものと考えるがどうか」の質問には、二〇一一年三月の東日本大震災の例をあげ「インフラが壊滅した状態でも、物資や燃料等を独自に調達し、その能力を大いに発揮し、被災者住民から感謝されたことは周知の事実である。災害発生時に中核的役割を担う自衛隊から、生徒が直接学ぶことは有意義である」と、あたかも自衛隊の宣伝隊のような回答ぶりでした。

しかし、自衛官の自殺は一般公務員の一・五倍と高いことが伝えられています。とりわけ、イラク帰還後の陸上自衛官の自殺率は、自衛隊全体の一〇倍と報じています（東京新聞、二〇一二年九月二七日）。海上自衛官のいじめ自殺を認定した横浜地裁判決（二〇一一年一月）では「艦内の暴行は日常的」「事件は氷山の一角」と指摘しているのです。こうした事実を、都教委はどう受け止めているのでしょうか？

志願兵制度の米国では、「経済的徴兵制」と呼ばれる兵士以外の選択肢を奪われた貧困層の若者の存在が浮上しているそうです。格差社会が止まらず、地方の疲弊が進む日本でも同じ状況を生じかねない危うさを感じます。

「日の丸・君が代」の強制に始まる都教委の思想・信条を侵害するふるまいは、今も記憶に新しいものです。そして今回、自衛隊への急接近にも広範な市民による注視と批判は不可欠だと思います。

6

都立大島高校の「宿泊防災訓練」
――2014年11月26日～28日／自衛隊武山駐屯地（神奈川県）

二〇一三年の都立田無工業高校に続いて、二〇一四年は都立大島高校が自衛隊施設での宿泊防災訓練を実施することになりました。都教委が四月一八日の「関係機関と連携した防災教育実施における留意事項」の文書を発出し、防衛省自衛隊東京地方協力本部との連携校を募集しました。ここでは一校のみの募集になっています。この募集に応えた学校が都立大島高校であったということになります。そして、四月二八日付、都立大島高校は校長名で「申込書」が提出されています。その結果、都立大島高校に実施が決定しました。

この「申込書」の中で、校長は、大島の災害の際に、「自衛隊等の国の機関の行動は町中の人が感謝している」ことを示しています。そして、「学校は地域的に安全な場所であるため、今後の防災教育では避難者収容の役割と防衛省自衛隊の活動拠点としての役割を担うことを前提に進めていく必要がある。こうしたことを踏まえて、生徒たちの防災訓練の内容は、国家機関レベルの防災訓練を通じて総合的に判断、行動できる人材の育成が必要であり、…」と書いています。

ここで問題なのは、

（1）大島の災害復興に貢献したのは自衛隊だけではありません。消防署員や警察官等も大きな役割を果たしていいます。といころがここでは自衛隊のみが強調されています。

（2）大島高校の校長は、学校が災害時に避難場所になるだろうことを前提に自衛隊との連携の役割を生徒に求め、その訓練をする趣旨のことを書いています。しかし、災害時に避難民を救助する役割が、果たして生徒にあるのでしょうか。すでに指摘してきたように、諸法令のどこを探してもそのような条項はありません。「東京都教育ビジョン」では、「集団宿泊訓練やボランティア活動」が示されていますが、ボランティア活動は、自主的な活動であることが原則です。自衛隊駐屯地で訓練をして、災害時の避難所で生徒に従事させることを目的とするならば、これは明らかにボランティアの範囲を超えた「強制」になるのではないでしょうか。

このように考えるならば、大島高校の自衛隊駐屯地での訓練は、その目的が曖昧であるだけでなく、むしろ違うところにその目的があると考えるべきです（以上、文責・永井栄俊）。

自衛隊駐屯地での「宿泊防災訓練」を阻止するために——大島高校をめぐる動きを中心に

種田和敏（自衛隊をウォッチする市民の会事務局長・弁護士）

東京新聞が大島高校の自衛隊訓練を報道

二〇一四年七月一〇日の東京新聞の夕刊に、東京都教育委員会の定例会において、大島高校の二年生三三人が二〇一四年一一月二六日から二八日までの二泊三日の日程で、陸上自衛隊武山駐屯地（神奈川県横須賀

刊）　2014年（平成26年）7月10日（木曜日）　©中日新聞東京本社2014　（日刊）

東京新聞
夕刊
中日新聞東京本社
東京都千代田区内幸町二丁目1番4号
〒100-8505 電話 03(6910)2211

紙面から

原子力施設へロケット弾　2
田中将が故障者リストに　3
富士山、静岡側も山開き　8

都立高今年も自衛隊訓練

大島高　批判の中、宿泊防災

東京都教育委員会は十日の定例会で、都立大島高校（大島町）の二年生三十三人が十一月二十六～二十八日に、陸上自衛隊武山駐屯地（神奈川県横須賀市）で二泊三日の宿泊防災訓練をすると明らかにした。自衛隊施設での防災訓練は二〇一三年度に田無工高（西東京市）が都立高で初めて行い、一部の教員や市民団体などから「自衛隊のPRや愛国心教育に使われないか」などと反対の声が出た。

昨年十月に土石流災害があった大島町は、復興計画に防災教育の充実を盛り込む予定。大島高の大塚健一校長は「災害の多い大島で生徒が生きていく上で、必要な防災知識や技術を自衛隊から得たい」と説明。都教委は「生徒が集中できる環境を整える」との理由で、昨年に続き訓練を非公開で実施する。

田無工高の生徒は陸上自衛隊朝霞駐屯地（練馬区）や江東区の都施設に宿泊し、隊員から簡易担架作りや救急搬送法などを習った。都教委の担当者は「隊員から被災地での支援活動を聞くことができ、生徒に好評だった」と話す。

本年度の実施について、三月に都教委に中止を求める請願を出した平和運動団体「ふぇみん婦人民主クラブ」の設楽《したら》ヨシ子共同代表は「訓練は自衛隊の存在を日常生活に植え付け、危険だ」と指摘する。

都内外の有志百五十人による「自衛隊をウオッチする市民の会」の種田和敏事務局長（弁護士）は「集団的自衛権の行使容認で、戦争をできる国にするには若い隊員の確保が必要。高校生が就職先に自衛隊を選ぶきっかけになりかねない」と危惧した。都教委の宿泊防災訓練は東日本大震災を受け、一二年度から全日制の全都立高校で始まった。校内や消防学校に泊まり、備蓄の毛布や非常食を使って避難所生活を体験、応急手当ての講習などを行う。

「東京新聞」２０１４年７月10日付

市）において、宿泊防災訓練を行うことの発表を報じました。この記事には私が「集団的自衛権の行使容認で、戦争をできる国にするには若い隊員の確保が必要。高校生が就職先に自衛隊を選ぶきっかけになりかねない」と危惧しているとのコメントも掲載されました。

田無工業高校の自衛隊訓練の延長線上に大島高校の訓練もある

東京都教育委員会は、二〇一三年度には田無工業高校の生徒をして、同年七月末に陸上自衛隊朝霞駐屯地で三四名に二泊三日の宿泊防災訓練を実施しました。翌二〇一四年二月初旬には、同校の二学年生全員を対象に、学校行事の一環として、ＢｕｍＢ東京体育館にて、二泊三日の宿泊防災訓練を実施しました。今回の大島高校における宿泊防災訓練は、この田無工業高校の宿泊防災訓練の延長線上に位置するものです。

田無工業高校での宿泊防災訓練で明らかになったことは、同訓練が防災訓練とは名ばかりで、実態は自衛隊の広報活動の一環であり、特に対象が高校生であることからして、募集広報活動の色彩が強いものであるということです。その証左に、田無工業高校の訓練に自衛隊側の責任者として参加した自衛隊東京地方協力本部の渉外広報室長は、上記訓練について、自衛隊の広報活動の一種である隊内生活体験、いわゆる体験入隊だったことを認めました。

また、訓練の内容においても，通常の防災訓練で行われる救急救命技術の教示などはわずかに限られ、消防学校では取得できる救急救命の資格も得ることができません。他方、行進訓練やベットメイク、非常呼集など、通常の隊内生活体験で実施されるメニューもそのまま残った状態で実施されました。

私たちは、従前の調査活動や防衛省での交渉活動によって、このような実態を目の当たりにし、自衛隊と連携した宿泊防災訓練が、特に駐屯地内で行う訓練については、防災を隠れ蓑にして、実際には自衛隊の広報活動、ひいてはリクルート活動を行っているものと認識してきました。その点で、自衛隊の基地の中で、高校生を招き入れて、しかも希望者に限定するのではなく、学校行事の一環として参加を強制する、この訓練を許すわけにはいきません。

八月に大島町で自衛隊での防災訓練について講演

以上のように、私たちはこれまでの経験からこの訓練の本質を発信し、大島町の皆さんとも共に運動をしていかなければならないと強く感じていました。そんな折、大島町の中でも具体的な動きがあり、これまでの訓練の概要も含め、今後どのような運動をするべきかを考える上で、まずは学習会をしたいという要望が当会に寄せられました。そこで私が、二〇一四年八月二四日午後、大島で講演をすることになりました。

講演の当日は、少し早めに大島に到着し、大島の方から震災（土砂崩れ）の話や、大島の風土や歴史、郷土料理について教わりました。震災の現場は、黒い山肌が露出し、当時を物語るようでした。そして、震災のときに多くの自衛隊員が来てくれたことを島民の皆さんが強く感謝していることも知りました。

講演には五〇名近くの方が集まりました。人口約八〇〇〇人の島ですが、集客は予想よりも多く、この問題に対する関心の高さをうかがわせました。私は、これまでの類似の訓練を紹介し、上述したような問題点を指摘し反対の運動を行うことが肝要なこと、それも地元の皆さんが声を上げることの大切さを説きました。

大島町民からは反対運動の提起がだされた

講演後の質疑応答では、当初主催者の方からは大島の人はおとなしい人が多いから、何も質問が出ないかもしれないというお話がありましたが、ふたをあければ正反対でした。「私も」「私も」という勢いで、予定時間を大幅に超えて質疑応答が続きました。

特に印象的だったのは、自分たちの立場で、今、何ができるのか、何をすべきなのかを真剣に考えているからこそ出る質問が多かったことです。訓練のおかしさに気づき、自衛隊には震災での感謝の念もあるものの、おかしなことにはおかしいと言おうという気概が強く感じられました。最終的には、「校長に電話をしよう」、「校長にみんなで面談の申入れをしよう」、などと具体的な行動提起になっていました。

私は会場からの発言を聞き、自衛隊の災害派遣で感謝しているとしても、おかしなことはおかしいとしっかりと言える大島の皆さんが頼もしく思いました。そして、大島高校の自衛隊・防災訓練に対して、一緒に運動を取り組むことで、現実を変えることができるのではないかと強く思いました。

やはり、地元の声は大切です。地元が声をあげなければ大島高校の校長にも声は届かないでしょう。地元が声をあげれば、その声を教育委員会も校長も無視できないでしょう。そして、地元、生徒、保護者が一体となって「おかしい」と声をあげ、それを支援する人の輪がいろいろなところで広がれば、理不尽なことを阻止できると思います。

特に、集団的自衛権の行使容認をはじめ、現在の安倍政権は不穏な動き、戦争のできる国づくりを進めています。高校生を自衛隊の基地で泊まらせたからといって、戦争に子どもを行かせることに直結するわけではないという意見もあるでしょう。しかし、戦争の足音は大きくなってこれはまずいという段階に至れば、すぐに止められるような代物ではありません。もう誰も戦争で死なないし、死なせないという強い意志をもって、戦争につながる小さな芽でも見逃さず、しっかりと声を上げることが必要です。その点で「学校を戦場の入口にさせない」大島の有志の皆さんの運動を、これからも支え、共に声を上げ、行動していくことが大切です。

なお、大島からの報告によると、住民の皆さんが大島高校の校長に対し、各種アプローチで自衛隊と連携した宿泊訓練をやめるよう働きかけた結果、同校長は、今年度（二〇一四年度）については実施が決定しているので、いまになってやめることはできないが、来年度（二〇一五年度）については、自衛隊と連携した宿泊訓練はやらないと職員会議で公式に表明したとのことです。また、二〇一四年度の訓練についても、住民の皆さんの声が実施内容に大きな影響を与えているようです。二〇一四年度も実施させないよう、住民の皆さんにはがんばっていただきたいと思いますし、私たちもそれを支援していきたいと思っています。

7
東京都総合防災訓練とこれへの児童・生徒の参加

渥美昌純（米軍・自衛隊参加の東京都総合防災訓練に反対する実行委員会）

「ビッグレスキュー東京」を覚えていますか

読者の皆様は「ビッグレスキュー東京２０００〜首都を救え〜」を覚えていますか。総理大臣が緊急災害対策本部長として訓練に参加し、内閣安全保障・危機管理室を中心に、警察庁、消防庁、海上保安庁、防衛庁（当時）などが東京都の訓練を支援するという形で行われました。銀座会場で装甲車が駆け抜け、全線開通前の大江戸線に自衛隊員が乗り込んで作戦を展開し、マスコミでも大きく報道されましたので思い出す人もいるでしょう。

このビッグレスキュー東京２０００は通称であり正式名称は「平成一二年度東京都総合防災訓練」です。東京都総合防災訓練はビッグレスキュー以前も行われていました。

形を変えながら続けられる東京都総合防災訓練

このビッグレスキュー以降、毎年、都内各地でこの総合防災訓練が行われてきています。二〇〇一年に八王子・立川、二〇〇二年に練馬、二〇〇三年に日野、二〇〇四年に荒川・墨田・台東、二〇〇五年に町田、二〇〇六年に足立、二〇〇七年に昭島・福生など、二〇〇八年に中央・江東、二〇〇九年に調布市・世田谷区、二〇一〇年に文京区、二〇一一年に小金井・小平など、二〇一二年に目黒区、二〇一三年にあきる野市、そして二〇一四年は杉並区という具合です。二三区と三多摩地域を交互に開催し、東京都・〇〇市（区）総合防災訓練という形で以前は九月第一週の土曜日、現在では八月の最週の土曜に訓練が行われています。

訓練の中身は帰宅困難者訓練（二〇〇九年調布・世田谷など）、ガレキなどで通行できない主要幹線道路を通行できるようにする道路啓開訓練（二〇一〇年文京）、山間部での土砂災害と孤立集落へのヘリコプター支援（二〇一三年あきる野）、木造建物密集地域（二〇一二年目黒）など地域性を考慮したり、自ら身を守る自助や、地域の住民やボランティアなどの地域の助け合いで守るという共助を強め、公助の色彩を弱める方向に進んでいるようです。

そのためか、自衛隊の参加は陸・海・空の三自衛隊員が七一〇〇人参加をした二〇〇〇年の総合防災訓練と比べると二〇一四年の総合防災訓練は約三〇〇名参加と自衛隊の参加人数は減りました。これは二〇〇四年に国民保護法を含む武力攻撃事態対処関連三法案が成立し、国民保護法名目での訓練を行えるようになったり、二〇一二年に二三区で陸上自衛隊の災害対処訓練ができるといったように、東京都総合防災訓練という形でなくても自衛隊が訓練に参加出来るようになったからではないかと分析しています。それにも関わらず自衛隊が東京都総合防災訓練に参加をするのには、二〇〇六年から米軍が参加するなど[1]、東京都総合防災訓練でしか実現できない面があるからだと思われます。

このような米軍・自衛隊参加の総合防災訓練に反対するために、毎年、実行委員会を立ち上げ、東京都や会場の自治体に対しての行政交渉、訓練当日の監視行動（招待状を持参した私に対し会場内でつきまとうなど公安警察による妨害が常態化）、抗議情宣とデモ活動、報告パンフレット作りなどに取り組んできました。その成果を踏まえて東京都総合防災訓練についての児童・生徒の参加について報告します。

東京都総合防災訓練への児童・生徒の参加

東京都と各自治体が連携して行う総合防災訓練といいながら、児童や生徒の参加に関しては都立高校の生徒の参加が中心であり、市区町村の小学生や中学生の参加はそれほど多くありません。

参加の形式として毎年、東京都総合防災訓練の担当部である東京都総務局長から東京都教育委員会教育長に「〇〇年度東京都・〇〇市（区）合同総合防災訓練への小・中学校への児童・生徒の参加等について（依頼）」の文書が出され、これを受けて東京都教育委員会教育長が各市区町村教育委員会に対し「〇〇年度東京都・〇〇市区合同防災訓練への参加協力について（依頼）」という文書が出されます。これを受けて各市区町村教育委員会が各小中学校に対し、要請する流れになっています。

従って総合防災訓練の担当局である東京都総務局長から各市区町村教育委員会に対し、直接依頼の文書が出される場合は、現時点ではないようです。また依頼の文面も「小・中学校の参加協力や児童・生徒の見学、啓発をお願いする」というものであり、決して参加強制や動員という形ではありません。

なぜ小学生や中学生の参加が都立高校と比べると少ないのかは推測が入りますが、防災訓練の日程や概要が固まり、各区市町村教育委員から各小学校や中学校に依頼をするころにはすでに学校行事等の予定が入っており、動かせないという事情があるものと思われます。

特に東京都総合防災訓練が行われる九月第一土曜日や八月第四土曜日は、学期はじめや二学期制を取る自治体では学期末であったり、夏休み最後の土曜日であるため、日程調整は極めて困難であることが要因としてあげられます。

児童・生徒、高校生の参加の形態

3・11以降の防災意識の高まりを受けて、二〇一二年の目黒区では、区内小学生一二〇人、区内中学生一二〇人の参加を予定していたのですが、実際の参加者としては小学生八七人、中学生四二人にとどまっています。この中で、学童館への呼び掛けで二五人が参加した事例もあり、このような、児童・生徒が所属する団体を通じての東京都総合防災訓練への参加のケースは今後増えるかも知れません。

各市区町村小学校、中学校と比較すると都立高校の生徒の参加は常に一定数あります。[2] 東京都総務局から東京都教育委員会教育長へ、東京都教育委員会教育長から関係都立学校長へという具合に小学生・中学生参加の場合より意思疎通がしやすいという要素があげられます。

また東京都が改正教育基本法に基づく「ボランティア活動など社会奉仕体験活動」を積極的に進めており、二〇〇七年すべての都立高校必修として奉仕という教科が作られた影響は大きいのではないでしょうか。

トリアージ訓練は軍事訓練の一環

自衛隊と生徒の関わりの例を一つ紹介します。二〇一〇年の文京区の場合、都立小石川高校・中等教育学校がトリアージ訓練の会場として使われ一五七名の生徒が「ボランティア活動など社会奉仕体験」活動の一環として参加しました。そもそもトリアージは大事故や大規模災害など多数の傷病者が発生した際において、救命の順序を決めるため、傷病者が医療資源を超えてしまう野戦病院において行われてきており、軍事色が極めて強いものです。会場には陸上自衛隊第一後方支援連隊の看板を付けた大きなテントが貼られるなど、さながら野戦病院のような雰囲気の中、傷病者役として特殊メークを施された上、重傷や軽傷などけがの程度を表すトリアージタグをつけて担架で運ばれる様子は一種異様な光景でした。

私立学校に対しては東京都教育委員会から各学校に対しての依頼という形ではなく、防災訓練の所管局の東京都総務局総合防災部長から各私立学校への理事長への依頼という形がとられているようです(3)。二〇一〇年の文京区の場合は東京都総務局総合防災部長から東洋大学理事長宛に「平成二二年度東京都・文京区合同防災訓練における施設の借用等に係る協力について（依頼）」という文書が出されています。これに基づいて東洋大学と隣接する京北学園が会場として使われました。東洋大学では炊き出し訓練として自衛隊がカレーを作り、参加者が配膳などの手伝いで自衛隊と接触しています。

自治体独自の私立学校への協力依頼

また、東京都消防庁小石川消防署警防課長から京華学園事務局長あてに「平成二二年度東京都・文京区合同総合防災訓練実施に係る白山通り会場への貴校生徒の参加について（依頼）」が出されたり、文京区長成澤廣修氏から駒込学園理事長あてに「平成二二年度東京都・文京区合同総合防災訓練の実施に伴う学生ボランティアの支援及び学校施設の駐車場利用について（協力依頼）」など各自治体が直接私立学校に協力を依頼する場合もあるようです。

自衛隊の本質と児童・生徒との関わり

自衛隊は、自衛隊法三条の自衛隊の任務にあるとおり、わが国の防衛をすることが主たる任務であり、その他のことは「必要に応じ」て行うにすぎません。ところが集団的自衛権行使の閣議決定により、海外での戦闘行為によって自衛隊員が殺し、また殺される状況に突入したといわざるえません。

そのような状況下で自衛隊員への募集はこれまでとは違う困難さが出てくることになります。それを補う機会として東京都総合防災訓練を通じてのリクルート活動に力を入れる可能性があると考えられます。

現在の東京都総合防災訓練でも各自衛隊がテントを出し、防災とは直接関係ないパンフレットや勧誘チラシを配布しています。展示場所で子どもに対して迷彩服の試着しての記念写真を撮るなど自衛隊の好感度アップの宣伝等もなされています。東京都防災訓練でもらったチラシが元で自衛隊に入隊し、戦死したりする状況が今後おきるかも知れません。

東京都総合防災訓練に関心すら持っていない方が多いのが実情でしょうが、米軍や自衛隊が参加している東京都総合防災訓練に児童・生徒が参加することの影響について考えていただければと思います。

（1）＝安全管理上等の理由によりあらかじめ登録された都庁記者クラブ加盟社、及び米海軍が個別に許可した海外メディアしか近づけず。米軍がどのような態度で総合防災訓練に参加していたか窺える資料として二〇〇七年九月四日付、「内外タイムズ」を参照。

（2）＝島嶼部の訓練は総合防災訓練とは別物の訓練であり、東京都総合防災訓練への児童・生徒の参加と同一視は出来ないものと考えている。

（3）＝二〇一〇年八月一六日の総務部交渉の際、「東洋大など大学が会場になることは初めてだが、どのような法的根拠があるのか」という質問に対し、法的根拠は特にないと課長発言があった。

8
銃剣道による自衛隊への子どもたちの取り込みは許されない！

中川信明（練馬教育問題交流会）

国体で出場する高校生の「銃剣道」

二〇一三年、東京で国民体育大会（以下・国体）が開催されました。国体ではオリンピックとは違って、マイナーなスポーツ競技も行われるのですが、練馬区総合体育館においては、銃剣道が行われました。銃剣道は、銃剣を模した木銃で突き合う競技で、「成年男子の部」と「少年男子の部」が行われました。後で詳しく述べますように、「成年男子の部」の選手というのは自衛隊員なのです。一方、「少年男子の部」は、高校生たちが参加しました。たとえば、東京都代表の選手たちは、都立光丘高校二名と都立北豊島工業高校一名で構成されていました。しかし、都立光丘高校には銃剣道部はありません。出場の二名は剣道部の部員であり、一年生の時から、元自衛隊員から指導を受けていたようです。宿泊防災訓練と同様、ここでも都立高校生徒と自衛隊の接触がはかられているのです。

戦技として発展した銃剣道

ところで、銃剣道とは、どのような競技なのでしょうか？

銃剣道は、銃剣を模した木銃で突き合い、「左胸部」と「のど」を突いて勝敗を競う武道です。つまり、相手を疑似的に死に至らせた方が勝利ということなのです。木銃は先端にタンポのついた長さ一六六センチのもので、防具は面・胴・たれなど剣道の防具に類似しています。

銃剣道のルーツをたどりますと、明治初頭に陸軍戸山学校で戦技として編み出されたことが明白になっています。たとえば、『銃剣道の理念と技術の特性』（全日本銃剣道連盟専務理事・兼坂弘道著）によりますと「銃剣道の前身的存在である銃剣術は、明治建軍当時に兵員の武技として採用されたものであるが、当時は剣術優位の中において、銃剣術の必要性を主張する勢力が胎動し、剣術・銃剣術双方の真剣な論議の末、銃剣術組みが優勢となり、軍隊に銃剣術が採用されたものであります」と説明しています。

国体の「銃剣道」のポスター

銃剣自体はアジア太平洋戦争における白兵戦や民衆虐殺に大いに利用され、それゆえ銃剣術は戦後GHQによって禁止されました。銃剣術が、戦場で人を殺すための訓練として行われたと理解されても当然のことでしょう。

しかし、その後、銃剣道と名を改めて、自衛隊によって復活させられます。たとえば、月刊誌「武道」二〇一三年二月号には、この年の「武道功労章」を受賞した江川友親氏（九州銃剣道協議会副会長）が次のように書いております。「昭和三一年、旧陸軍戸山学校出身者が中心となり、全日本銃剣道連盟が発足しました。陸海軍を問わず、旧軍で盛んに行われた銃剣術が自衛隊で訓練採用され、普通科部隊を中心に、銃剣道の訓練が始められました。これが戦後の銃剣道の始まりです」と。

さらに、銃剣道は自衛隊内にとどまらず、スポーツの装いが施され、一九七三年には全日本銃剣道連盟の日本体育協会加盟が承認され、一九八〇年から国体の正式種目となりました。しかしながら、いまだに競技人口の約八割は現役もしくは元自衛隊員であり、すでに触れましたように、国体の「成年男子の部」では、選手も監督も審判も、リハーサル大会では場内アナウンスまでもが自衛隊員であるという状況でした。

もちろん、自衛隊内の訓練として銃剣道は続けられ、インターネットで「銃剣道」を検索するとユーチューブの陸上自衛隊高等工科学校や陸自多賀城駐屯地などの銃剣道大会の映像を観ることができます。

そして自衛隊においては、銃剣道の他に「銃剣格闘」という本物の銃剣を使用した訓練も行われています（二〇〇八年以降は、新格闘・武装技術という名称に代わっているようですが）。おそらく銃剣道→銃剣格闘という「よりリアルな殺戮訓練」への発展段階で訓練が進められると想像できます。

自衛隊のリクルートの一環として子どもや高校生を指導

一方、自衛隊駐屯地内の道場やスポーツ少年団で、子どもたちは銃剣道を指導されています。小学生には銃剣道の前段階として短剣道も教えられております。短剣道は、文字通り、短剣（小太刀）を模した木刀で突き合う競技です。銃剣道や短剣道のような「擬似殺人競技」を、子どもの頃からやらせるというのには、一体どういう狙いがあるのでしょうか？

ところで、最初に述べましたように、高校生は国体で「少年男子の部」に出場し、東京都代表は都立高校生でした。一方、同時に出場した神奈川県の代表は横浜修悠館高校の生徒でした。ところが、彼らはすべて同校通信制に所属する陸上自衛隊高等工科学校の生徒、つまり少年自衛官でした。

同校は、学内で銃剣道大会を行うほど盛んであり、当然強いわけです。ちなみに、今年の全国高校生銃剣道大会の団体戦でも個人戦でも横浜修悠館高校生徒が上位を占めています。そして、このような銃剣道の試合は、普通の高校生と少年自衛官が同じ土俵に立つ場でもあるのです。

全日本銃剣道連盟は、さらに青少年に銃剣道を広めていきたいと考えているようですが、それは小さい時から自衛隊駐屯地を出入りし、自衛隊員から銃剣道を教わる、あるいは高校剣道部に自衛隊員が赴いて銃剣道を指導する、少年自衛官と試合で対戦する、これが自衛隊へのリクルートの一環であることは間違いありません。

そして、銃剣道を広めていくために、その「戦技色」隠しに必死です。たとえば、国体のパンフレットやＨＰには、銃剣道の由来として次のように書かれています。「銃剣道は、わが国の伝統的古武道の一つである槍（やり）の突き技を源流とした武道です」と。最初に説明しましたような陸軍で生まれ戦技として発展したことは、銃剣道連盟関係者自身が明らかにしているところです。ところが、銃剣道連盟や日体協が、その歴史的事実を隠し、「なぜ、銃剣道なのか」が全く説明されていないのです。国体においては、他の競技同様、練馬区内の小学校児童が競技会場にたてる応援旗を作らされ、また、開会式・閉会式には地元中学校吹奏楽部生徒が演奏のため参加させられました。彼らにも、「銃剣道の真実」について全く知らされないまま、「国体だから」と動員させられているのです。

そして、二〇一二年より中学校の武道必修化を文科省が決定し実施しています。今のところ、武道は「柔道、剣道、相撲」の内一つが原則ですが、「なぎなたなど他の武道」も選択してもよいことになっています。「その他」の武道の中には、銃剣道も含まれています。

今のところ、銃剣道を武道科目で実施している学校を聞いたことはありませんが、今後、銃剣道を採用する学校が出てきてもおかしくありません。その場合、当然、自衛隊員が指導のために学校に入ってくるということも十分に考えられます。銃剣道が、武道科目として中学校に採用されることを絶対に許してはなりません。

高校生の取り込み（リクルート）を許してはならない

ところで、今回、都立大島高校の生徒たちを防災訓練のため送り出そうとしている、陸上自衛隊武山駐屯地には、前述の陸上自衛隊高等工科学校があります。おそらく、この防災訓練中には、同校生と大島高校生徒の交流も企てられるのではないでしょうか（あるいは一緒に訓練で汗を流すのかもしれません）。訓練内容よりもこのような同年代の高校生同士の交流が、リクルートのためにも役立つのかもしれません。手を変え、品を変えての高校生リクルートの手口をしっかりと見破り、そのようにさせてはならないと思います。

銃剣道にしろ、防災訓練にしろ、「軍事色」「戦争色」を隠した上での、子どもたち・高校生の取り込み（リクルート）策なのです。しかし、実際の自衛隊は、集団的自衛権容認や特定秘密保護法の施行によって、水面下で「軍事化」「戦時化」が進行しています（そのこと自体は、当の現役自衛隊員たちがもっとも困惑しているでしょうが）。その矛盾をしっかり見すえつつ、反対運動をより一層強めていかなければなりません。

http://www.mod.go.jp/j/publication/events/gakushu/

「総合的な学習の時間」（文部科学省所管）への協力内容

平成14年度から実施されている新学習指導要領において新設された「総合的な学習の時間」に対して防衛省としても協力しており、次のような内容を準備しております。

詳しくは、各自衛隊地方協力本部にお問合せください。

1 協力内容　部隊見学、隊内生活体験 など

2 具体的内容防衛問題・自衛隊に関する説明

* 手旗、結索（ロープワーキング）
* 隊内見学及び装備品などの見学
* 訓練の見学
* 艦艇見学（体験航海を含む）
* 自衛隊車両等の体験搭乗
* 防衛省・自衛隊に関するビデオの上映
* 隊員との懇談　など

3 協力メニューの一例

協力メニュー		
項目	内容	時間
自衛隊の活動について説明	自衛隊の活動について、具体的事例により説明（ビデオ上映もあります。） 私たちの国の防衛 * 災害派遣活動 * 国際平和協力業務（ＰＫＯ）など * 国民と自衛隊	1時間
	装備の紹介 陸上自衛隊：各種車両類など * 海上自衛隊：各種艦船など * 航空自衛隊：各種航空機など	30分
	隊員との懇談	30分
野外実習	隊内見学及び装備品見学 * 部隊内施設の見学 * 車両、艦船、航空機等の見学 手旗、ロープワーキング 部隊における訓練の見学	各1～4時間
広報展示室等の見学	各駐屯地・基地にある広報展示室・広報資料館などの見学	1時間

＊ 上記の項目を組み合わせることもできます。内容・時間とも一例ですので、具体的な協力メニューは各駐屯地・基地により異なります。詳しくは、各自衛隊地方協力本部にお問合せください。

資料② 朝日新聞2001年11月17日

戦車乗り 銃も手に 自衛隊体験450校

学校側「基地、工場と同じ」

教組「慎重に」

小中学校の「総合的学習の時間」の一環として昨春から始まった「職場体験」授業で、自衛隊基地（駐屯地）を選んだ学校が昨年度、約450校にのぼった。身近な「職場」として生徒たちが自主的に選ぶケースが多く、今年度も同じ傾向が続いている。しかし、中には泊まりがけで隊員と一緒の訓練に参加したり、今年に入ってからは戦車に乗って機関銃にさわっていたりした例もあった。各地の教職員組合などからは、「体験」の内容に慎重さを求める声も出ている。

小中学の職場学習

陸上自衛隊の方面総監部や海上自衛隊の地方総監部、航空自衛隊の方面隊司令部が置かれた基地などが把握している件数を集計した。この結果、昨年度、陸自の基地・駐屯地を小学校20校、中学校399校が体験学習で訪れていたことがわかった。栃木県（60校）や、北海道（41校）の学校が目立つ。海自には中学校2校、空自には中学校23校の生徒が訪れていた。

海自舞鶴教育隊（京都府舞鶴市）では昨年10月、同市立中学校の2年生22人が停泊中の護衛艦の内部を見学し、手旗信号の訓練などを受けた。今年10月にも同様の体験学習を予定していたが、米国の同時多発テロで中止した。「自衛隊も、商店や工場などと同じ『事業所』の一つ。あえて除外する理由はないので」と学校側。基地の街では、自衛隊は最も身近な「職場」のひとつだ。

だが、やり方によっては疑問の声があがりかねない。陸自山口駐屯地（山口市）には昨年10月、地元の村立中学校の男子生徒2人が宿泊した。1泊2日で隊員と寝食を共にし、サーキットトレーニングや跳躍などをしたという。山口県教組などは「まるで体験入隊」と、県教委に中止を求める申入書を提出した。

今年5月には、陸自真駒内駐屯地（札幌市）で、札幌市立中学校の男子生徒13人が隊員の案内で戦車に乗った。操縦席に座ったり、搭載されている機関銃にさわったりしたという。地元の民主党札幌は「子どもたちにカッコイイとか、あこがれといった誤った価値観を抱かせかねない。配慮を欠いている」と批判。武器見学などの中止を市教委に申し入れている。

防衛庁広報課は「学校側の要請を聞き、その後、現場の基地や駐屯地などの判断で、適切なメニューを考えてもらっている。受け入れに関して、統一的な取り決めをつくる予定などは今のところない」と話している。

小中学生の職場体験は、来年度から始まる新学習指導要領の中で、「総合的学習」の一つに位置づけられている。昨年4月から、一部の学校が試験的に授業に採り入れている。

護衛艦が停泊する舞鶴湾の海上自衛隊岸壁＝京都府舞鶴市北吸で

アニメ感覚、興奮の恐れ

野田正彰・京都女子大教授（精神病理学）の話　子どもたちに安易に自衛隊の装備に触れさせるのは疑問だ。漫画やアニメに出てくる戦争シーンを見る感覚そのままで武器に触れ、興奮を覚える恐れがある。武器には触れさせない、などの一定の歯止めが必要だろう。

選択肢の一つだが配慮を

文部科学省児童生徒課の話　職場体験学習の中身は各学校が自主的に決めることで、自衛隊を学習の場に選ぶのも選択肢の一つだ。ただ、武器に触れさせるなどの行為については、学校側が保護者と事前によく話し合うなどの配慮が必要だろう。

資料③

別紙１

都立高校における防災教育について

ねらい　まず自分の命を守り、次いで身近な人を助け、さらに避難所の運営など地域に貢献できる人材を育成する。

平成24年度

一泊二日宿泊防災訓練

【規模・内容】
○　全ての都立高等学校179校の校内で実施
○　発災時を想定した避難生活の疑似体験（就寝訓練や備蓄食準備訓練）

主な体験活動

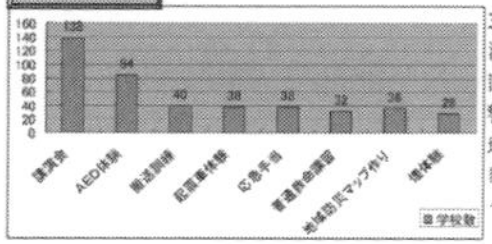

主な連携先
消防署165校(92%)、
区・市役所72校(40%)、
警察署65校(36%)、
地域住民61校(34%)
自衛隊(東京地本)
4校（2.2%）

【就寝訓練】

【備蓄食準備訓練】

【成果】　防災に係る知識や技術の習得

【課題】　○　学校が避難所となった場合を想定した訓練の実施
○　学校が立地する環境や実態を踏まえた訓練の実施

防災教育推進校

【規模・内容】
○　12校 足立東、南葛飾、東、葛西南、科学技術、大崎、第一商業、練馬、農芸、府中工業、田無工業、多摩工業
○　２泊３日の宿泊防災訓練（東京消防庁消防学校）
（上級救命講習・D級ポンプ放水訓練・救急搬送訓練）
○　防災活動支援隊の結成（生徒が主体的に訓練を企画）
○　教師や生徒による被災地視察

【成果】
○　消防学校での宿泊訓練　参加生徒数　2059名
○　上級救命技能認定　100%
○　被災地視察で得た知識を教材化

【課題】
○　消防学校のほか、新たな外部機関との連携が必要
○　生徒の防災に係る意識の更なる高揚
○　作成した教材の全都立高校への更なる普及

【消防学校でのD級ポンプ放水訓練】

【防災活動支援隊初期消火訓練】

普及・啓発事業

【学校防災教育発表会】
【期　日】平成25年2月19日(火)　教職員研修センター
【参加者】494名（都立高校教員(236名)、警視庁(63名)、東京消防庁(36名)、都民(20名)等)
【内　容】基調講演　実践発表等
【成　果】地域や関係機関と連携した防災教育についての共通理解

平成25年度

【規模等】
○　全ての都立高等学校178校の校内で実施

※　実施予定（別紙参照）

月	4月	5月	6月	7月	8月	9月	計
学校数	13校	31校	42校	20校	5校	32校	178校
月	10月	11月	12月	1月	2月	3月	
学校数	25校	7校	0校	0校	0校	3校	

【新たな取組内容】
地域等との連携の強化
○　避難所や一時滞在施設、帰宅支援ステーションを想定した訓練の実施
○　近隣小・中学校、高齢者施設、近隣住民等との連携の強化

【規模等】
○　15校に拡大　足立工業、六郷工科、つばさ総合、八潮、三宅、神津、杉並総合、農芸、板橋、調布南、八王子北、府中西、南平、田無工業、久留米西

【新たな取組内容】
○　宿泊訓練についての連携先の開拓（自衛隊(東京地本)との連携を予定)
○　防災活動支援隊による学校と地域等との連携の強化
○　災害時支援ボランティア等への加入の更なる促進
○　当該学年における宿泊防災訓練の取組の成果を他の学年へ普及
○　生徒による防災サミット、防災フォーラムの開催

【 生徒による防災サミット 】
【期日】平成25年12月実施予定
【内容】防災教育推進校の生徒を中核とした生徒同士の交流会
【対象】都立高校生、消防少年団、近隣中学校の生徒等

【 防災フォーラム 】
【期日】平成26年2月実施予定
【内容】防災教育推進校における防災教育、教師が開発した防災教材の紹介
【対象】全都立高校及び中等教育学校(後期課程)の教師、都民、関係諸機関等

平成26年度以降全都立高校において地域で救援活動できる人材を育成

資料④　都教委包囲・首都圏ネットワークの「質問」と田無工業高校・池上信幸校長の「回答」

――二〇一三年一一月一九日都立田無工業高校にて

田無工業高校側の回答はすべて池上校長が行いました。

事前に「公開質問書」を提出していて、質問書の最後に〈質問に対して文書及び口頭で回答すること。当「質問」「回答」は報道機関その他において公開の上で行われています〉と書き示したためか、校長はすでに回答を準備していました。

質問（1）：貴校はこれまでに「宿泊防災訓練」としてどのようなことを行ってきましたか？　それに対するどのような反省の上に、今回の「防衛省と連携した宿泊防災訓練」の計画がつくられたのですか？

回答：平成二五年一月に消防庁と連携した宿泊防災訓練を実施した。今回、防衛省との連携で実施することとなったのは、教育庁との調整の結果である。昨年度の実施に課題や問題点があったからではない。

質問（2）：宿泊防災訓練を自衛隊駐屯地で行うことの教育的意味をどのように考えていますか？　なぜ「防衛省（自衛隊）」でなければならないのでしょうか？

回答：駐屯地での実施は、経費や施設設備の条件、安全面等を勘案し教育庁と防衛省との調整で決まったことである。学校としては防災教育を行う施設として問題はなく、消防学校と同様に防災宿泊訓練を実施する場所としての意味しかない。防衛省は、東日本大震災後の救助救援活動に自衛隊職員を延べ一〇〇〇万人以上派遣してきた。そのような経験や実績を踏まえた防災教育を行うことは有意義なことだと考える。いくつかある連携先から自衛隊を除外する理由はない。

質問（3）：「本件宿泊防災訓練」の教育課程上の位置付けは何ですか？

回答：「防災教育の推進」を特別活動に位置づけて実施している。

質問（4）：「本件宿泊防災訓練」は都立田無工業高校の学校行事として行われたそうですが、学校の教育目標とどのような関連があると考えていますか？

回答：本年度の目標である「防災教育の推進」に該当する教育

活動である。

質問（5）：自衛隊は「我が国の平和と独立を守り、国の安全を保つため、直接侵略及び間接侵略に対し我が国を防衛することを主たる任務とし、必要に応じ、公共の秩序の維持に当たるものとする」（自衛隊法三条「自衛隊の任務」）ものです。その組織は「災害救助」のために編成されたものではなく、防衛予算は世界5位の、事実上の「軍隊」に相当するものです。日本国憲法は九条において「戦力（つまり軍隊）の不保持」を定めており、自衛隊が合憲か否かについては諸説のあるところです。また、教育基本法一条は、「平和で民主的な国家及び社会の形成者」としての国民の育成を教育の目的と定めています。以上の条規と事実に照らして考えるならば、公立の学校で、自衛隊駐屯地内で「防災訓練」だけでなく事実上の「軍隊」としての「隊内生活」の行われる「本件宿泊防災訓練」を計画・実施することは、違憲・違法の疑いが生じる可能性も十分に考えられますが、この点についてはどう考えていますか？

回答：憲法判断は学校がするべきことではない。この宿泊防災訓練は、学校の教育課程に基づき実施をしており、生徒の指導・監督の権限は学校にある。よって、自衛隊が実施をしている隊内生活体験が行われているという認識は誤っている。

質問（6）：「本件宿泊防災訓練」は、二〇一三年四月時点での「年間行事計画」の中に記載されていましたか？　記載されていなかったとすれば、どのような理由で年度途中に新たに加えられたのですか。また、学校内（教員・生徒・保護者）での理解は得られているのですか？　教育課程の変更であるから、事前に生徒・保護者にも知らせるべきではないのですか？

回答：年間行事計画には記載されていない。昨年度と同様に宿泊防災訓練の連携先や時期等については、年度が始まってから、教育庁と調整することになっているからである。教員の賛否などは確認していない。保護者会や学年集会等で説明し、意見を踏まえたうえで、教育課程の変更手続き行い、実施した。

質問（7）：池上信幸校長ご自身にお尋ねします。自衛隊施設での「宿泊防災訓練」の実施の構想と計画は、誰がどこで立てたものですか？　伝え聞くところによると、二〇一三年一月頃から、防衛省に対して自衛隊施設での「宿泊防災訓練」の打診が教育庁からあったとのことです。池上校長はこのことを知っていましたか？　池上校長は前任の部所が教育庁内の「防災担当」であったと聞いていますが、校長ご自身、教育庁内でこの計画立案に携わったのですか？　「本件宿泊防災訓練」を学校が最終責任を負うべき学校行事と考えているのですか？　それとも都教委の事業の一環と考えているのですか？

回答：分からない。知らなかった。携わってはいない。教育課程の決定権は校長にしかない、最終責任は学校長にある。

質問（8）：六月二八日付の指導部からの校長宛通知文「平成二五年度防災教育推進校の宿泊防災訓練について」は、「訓練」の「連携機関」・「対象期間」・「対象学年」について教育庁指導部からの「決定」の通知ですが、これについてお尋ねします。
1、「連携機関」・「対象期間」・「対象学年」については学校が希望したのですか、それとも指導部から指定されたのですか？
2、「対象学年」を二学年としたのはどのような理由からですか？
3、「対象学年」二学年とは、二学年全員が対象となることですか？
4、「次回の説明会及びオリエンテーション等については個別に連絡します」とありますが、自衛隊施設での「宿泊防災訓練」に関する都教委指導部からの事前の「説明会」及び「オリエンテーション」は前回はいつ行われたのですか？　それはどのような内容のものだったのですか？
5、また、「次回の説明会及びオリエンテーション等」についての「連絡」は受けたのですか？
回答：1、．教育庁と調整をして決めた。2、本校では、宿泊防災訓練の対象が二学年であるから。3、学年の男子生徒が対象ということである。4、七月一六日頃に、七月二二日の防衛省との打合せについて連絡を受けた。5、まだ、受けていない。

質問（9）：しおりの「日程行動計画」は学校が独自に作成したものですか。それとも自衛隊側から提供されたものに基づいて作成されたものですか？
回答：自衛隊及び教育庁と調整して決定したものだ。

質問（10）：「しおり」の「㈿　生活上で特に注意すること」にされている「非常呼集」は軍隊用語です。このような行動が予定されていることは、教育の場としての「宿泊防災訓練」にはふさわしくないと考えませんか？
回答：「非常呼集」が軍隊用語で不適切だということであれば、今後検討する。内容は大震災が発生した直後を想定した行動の訓練である。

質問（11）：「しおり」の「日程行動計画」に記載されている、「防災講話」や「グループ学習」は誰が担当し、誰の責任において行われたものですか？　その内容を把握していますか？　また、防災技術の指導の実態をどれだけ把握していますか？　訓練とは直接に関係のない「集合・行進」がもっぱら行われたという情報も入っています。「訓練」と謳っていますが、生徒を自衛隊での「隊内生活」に丸投げしたことになりませんか？　「訓練」行動の最中にもし事故や不具合が生じた場合は、責任は学校にあるのですか、自衛隊にあるのですか？
回答：講義の担当者は防衛省の職員で、内容は、防衛省や教育庁と調整をして決めたので把握している。「集合・行進」がもっぱら行われたという事実はない。訓練中の事故等の責任は学校にある。

質問（12）：訓練は「日程行動計画」の通りに行われたのですか？　所定の起床時間よりも早く（二八日の午前五時に）起床させられたという情報もあります。また、訓練当夜は猛暑の中で、宿泊施設には冷房装置もありません。生徒の睡眠時間など健康面での状態把握はきちんと行われたのですか？

回答：訓練は行動計画に基づき行われた。早朝に集合したのは、非難訓練（非常呼集）を五時に設定したためである。冷房がないというのは間違った情報である。宿泊施設には冷房は完備されており、通常の宿泊行事と同様に健康管理を行っている。

質問（13）：「日程行動計画」によれば、自衛隊独自のメニューである「ロープワーク」に要した時間は全体でわずか一一〇分です。「応急救護訓練」に多くの時間が割かれていますが、それは自衛隊ではむしろ専門外のことです。ことさら自衛隊駐屯地で「宿泊防災訓練」を設定する理由がわかりません。「本件宿泊防災訓練」の本当の目的は何だったのですか？

回答：自衛隊は東日本大震災において、延べ一〇〇〇万人を超える職員を派遣し、救助・救援活動を行ってきた。そのような経験を踏まえた防災訓練は大切だと考える。本当の目的は「防災訓練」である。

質問（14）：六月二〇日付けの参加者募集〝防災訓練 in 夏〟では「更なる救急救命に係わる　技術向上を目指そう」と参加生徒によびかけながら、「しおり」では、「目的」の第一に「共同で自衛隊内の施設で規律正しい生活を送り」と記載し、「訓練」の目的のすり替えが行われています。これは、参加生徒や保護者に嘘を伝えていたことになりませんか？　「訓練」の目的を生徒・保護者にどのように説明したのですか？

回答：指摘の内容は、宿泊を伴う学校行事では、集団生活のあり方について体験を積むことが求められていることから記載したものだ。目的には、災害時に必要となる知識と技術を身に付けることもかかれていて、目的のすり替えなどない。

質問（15）：「本件宿泊防災訓練」は書類上は「文化的行事」としての「学校行事」ということになっていますが、ラグビー部のブログでは「部活動」として扱われています。両者が混同されているのではないでしょうか？

回答：ラグビー部の生徒が参加したことは事実であるが、部活動ではない。

質問（16）：学校行事は受益者負担が原則です。「参加費無料」は学校行事としては異例なのではないですか。「参加費用」はどこが負担したのですか。このように、「本件宿泊防災訓練」は学校行事としては適切さを欠くと思われますが、これについてどのように考えていますか？

回答：防災教育推進校の宿泊防災訓練は全て、教育庁が予算化して実施している。昨年度の宿泊防災訓練についても同様の措置がとられており、不適切だという認識はない。

質問（17）：参加者の数に比して、引率者が六名の教員です。通常の学校行事にしては引率者　が異例に多くなっています。どういう理由でこれだけの数の引率者にしたのですか。？

回答：昨年度の本校の宿泊防災訓練では延べ一八人で引率しており、宿泊防災訓練としては異例ではない。新しく始まった行事であり、また、防災教育は教員も学ぶ必要があることから考えると適切な人数だと判断している。

質問（18）：都教委の職員が多数（六名）参加していますがそれはどういう理由からですか？　何のために来たのですか？　引率ではないとすれば、都教委職員はどういう名目で「隊内生活を体験」したのですか？

回答：分からない。

質問（19）：「陸上自衛隊隊内生活体験申込書」（平成二五年七月一一日付）には隊内生活体験者として三五名の生徒の名簿が添付されています。この名簿はその後どのように自衛隊内で処理されたかを把握していますか？　また、今後入隊の勧誘等に使用されないという保障はありますか？

回答：個人情報保護法に基づき処理することは、公の組織であれば当然のことであり、それに基づき処理をしていると考える。

質問（20）：以上見て来た通り、問題点の多く指摘されている自衛隊朝霞駐屯地での「宿泊防災訓練」を二〇一四年二月にも再度実施するのですか？

回答：二月には駐屯地では実施しない。

以上

資料⑤　ふぇみん婦人民主クラブが防衛省・都教委に提出した要望書と都教委からの回答

防衛大臣　小野寺五典様
東京都教育委員会　委員長　木村孟様
ふぇみん婦人民主クラブ　共同代表　設楽ヨシ子・坪田康子
二〇一三年七月三〇日

自衛隊で行われた都立高校生の宿泊防災訓練実施に強く抗議する

私たち（ふぇみん婦人民主クラブ）は、敗戦翌年の一九四六年に「二度と戦争をしないように」との思いで結成された全国組織の女性団体です。平和憲法を生かしつつ、女性問題や人権や環境危機の問題などに、幅広く取り組んできました。

報道によれば、東京都教育委員会は都立田無工業高校の生徒三四人を対象に七月二六日から二泊三日の宿泊防災訓練を陸上自衛隊朝霞駐屯地で行ったとのことです。そして、その目的は「高い社会貢献意識を育てるため」とされています。消防庁や自治会など、防災訓練技術を獲得するに適した場所があるにもかかわらず、憲法九条下、多くの議論がある自衛隊をあえて、選ばれたこと、情報公開が直前までなされなかったことなど、今回の実施には、強い違和感を感じ、見過ごすことが出来ません。あえて申すまでもなく、自衛隊朝霞駐屯地の主任務は、首都の防衛を担うことであり、防災の役割はあくまで片務的任務としか位置づけられてはいません。日頃から、銃器を所持しての戦闘訓練を繰り返し、駐屯地内には、戦車をはじめ、多くの武器も置かれていることは、自明のことです。命を尊ぶ意識を育てるという教育の基本理念とは、相容れない場所でのこうした特別授業が、今後、二度と繰り返されることないことを願い、ここに抗議させていただきます。

要請書に対する回答（所管：指導部高等学校教育指導課）

平成二四年二月に策定した都立高校改革推進計画　第一次実

施計画において、「都立高校防災教育推進校を指定し、生徒が防災に関する取組の企画・立案を行う新たな防災組織「都立高校防災活動支援隊」の結成や、上級救命講習の受講、消防庁・警視庁・自衛隊や大学、病院、研究所などと連携した災害時支援活動の疑似体験、一週間程度の宿泊訓練などに取り組むことで、自校の防災と近隣住民の安全を支える高い社会貢献意識と実践力をもつ人間を育成します」としています。

今回の宿泊防災訓練では、「首都直下型地震に遭遇した場合の対応」と題した講演や、応急救護や搬送訓練、ロープワーク等を行いました。

また、平成二六年二月に都立田無工業高等学校の二学年を対象に、防衛省自衛隊東京地方協力本部による宿泊防災訓練を計画しています。

「高校生をリクルートする自衛隊・自衛隊の手法を取り入れる教育行政」
編集委員会　執筆者（執筆順）

永井栄俊
許すな！「日の丸・君が代」強制　止めよう！安倍政権の改憲・教育破壊　全国ネットワーク（準備会）、立正大学非常勤講師

坂本茂
練馬平和委員会

西田昭司
憲法を教育に生かす西東京の会

種田和敏
自衛隊をウォッチする市民の会、弁護士

片岡万里子
都教委包囲首都圏ネットワーク

大束愛子
ふぇみん婦人民主クラブ

渥美昌純
米軍・自衛隊参加の東京都総合防災訓練に反対する実行委員会

中川信明
練馬教育問題交流会

高校生をリクルートする自衛隊・
自衛隊の手法を取り入れる教育行政
集団的自衛権行使で教え子を再び戦場に送るのか!

2014年11月25日　　初版第1刷

編　者	「高校生をリクルートする自衛隊・自衛隊の手法を取り入れる教育行政」編集委員会
発行者	高井　隆
発行所	株式会社同時代社 〒101－0065　東京都千代田区西神田2－7－6 電話 03(3261)3149　FAX 03(3261)3237
組　版	有限会社閏月社
印　刷	モリモト印刷株式会社

ISBN978-4-88683-772-1